家族财富管理调研报告

THE RESEARCH REPORT OF FAMILY WEALTH MANAGEMENT

家族财富管理十年回顾与展望

TEN-YEAR RETROSPECT AND PROSPECT

十年薪火　百年承托

DECADES ENDEAVOUR, TRUST FOREVER

家族财富管理调研报告课题组　著

社会科学文献出版社
SOCIAL SCIENCES ACADEMIC PRESS (CHINA)

PREFACE
01

序 一
新时代财富管理业的使命

　　十年时间，斗转星移，市场的发展时常有出乎意料的曲笔。在十年之前，尽管面对全球金融危机的冲击，许多人仍然抱有将高速经济增长态势保持下去的期望，当时家族财富管理还远不是热门词，更鲜有学术界的讨论。十年之后，告别高速增长的经济运行模式转型已是定局，得益于学者和业内人士——包括本书诸位作者——的努力，家族财富管理的观念深入人心。社会对于财富管理的重视并没有和财富高速增长的时期完全匹配，这或许是由于观念与意识通常会相对滞后于经济的发展，但也多少反映了新的经济转型时期人们的普遍焦虑，因此在持续多年的研究之后，本书的出版是在特定时点对于社会需求的呼应。

　　家庭乃至家族，而非个人，在很多情况下才是社会运行的基本要素。正如一些研究所阐释的，家庭内部的分工、家庭成员之间的信息交流，对于经济的正常运转及其效率有着重要的意义。在实践与政策层面上，脱离家庭来谈人口结构、劳动市场、消费模式、收入分配等宏观问题，很容易流于片面，甚至陷入误区，这也是为何近年来家庭经济学再次成为学术热点的原因。类似地，随着国内收入水平的上升、储蓄资金配置的市场化和消费与需求的相互渗透，家庭金融目前备受关注，但许多人只着眼于它所带来的商机和对于金融市场的影响，而忽视了它在社会经济协调发展和增长模式转型上的意义。

　　例如，在新古典增长理论中，"王朝效用函数（Dynastic Utility）"是基本模型的经典假设，但很多人都只是将它看作简化分析的抽象理论框架，并未去思考这一设定背后的深刻现实含义。要维持不同时期人们消费储蓄行为的一致性，除了上辈对于后辈各代福利的关注之外，平滑的财富代际转移也必不可少。在一个"富不过三代"的社会，我们很难奢望"有恒产者有恒心"。金融的一项重要功能就是资源的跨期配置，它使得人们无须实物资产形式就可以实现财富的积累和转移，这一看似习以为常的能力却是现代经济稳定运行的基础。在本书提到的家族企业传承问题上，尽管我们理解企业家"后继无人"的忧虑，但也同样需要尊重后辈基于自身职业偏好的选择，在这种情况下，金融资产形式的家族财富传承就尤为重要。它不仅事关家族企业的持续运营，而且会反过来影响创业者的初心和做大事业的动力。

我国经济进入"新常态"之后，金融供给侧结构性改革已是共识，但是究竟何种金融体系能够更好地匹配新的经济运行模式下实体经济的需求，学界却远没有达成一致。值得注意的是，在宏观经济与金融问题上，不少的讨论流于抽象的"资本"与"资金"，却没有深究它们形成与变化的机制和动力，这很容易导致金融研究的"脱实向虚"。家庭的资产配置是金融体系的一个重要侧面，并且能够在相当程度上映射出经济运行的特征。对于单个家庭、家族或财富管理机构，金融资产的供给是外生的，但就金融体系整体而言，金融资产结构则是内生的。家庭财富管理对于相应资产的共性要求会转化为相关机构负债端的约束，进而影响经济中的资金供给和运用的模式，这在各国资本市场发展过程中已经得到了验证。需要强调的是，在当前复杂的国际政治经济环境下，为投资者提供高质量安全资产不仅是金融业国际竞争力的体现，而且对于我国金融体系的稳定运行具有特殊的意义。"百年未有之大变局"下，国计民生密不可分。家族财富管理行业想要获得突破，需要有关于国家民族发展大局的视野，而不能拘于家庭一隅；反过来，在经济金融转型的宏观探讨上，则常常需要基于家庭的微观视角。以时代发展的需求为己任，家族财富管理必会有光明的未来。

序 二
践行央企责任　回归信托本源

2019 年 2 月，习近平总书记在中共中央政治局就完善金融服务、防范金融风险举行的集体学习时指出："深化金融供给侧结构性改革必须贯彻落实新发展理念，强化金融服务功能，找准金融服务重点，以服务实体经济、服务人民生活为本。"在习近平新时代中国特色社会主义思想的指引下，五矿信托作为中国五矿旗下从事信托业务的非银行金融机构，秉承中国五矿"珍惜有限，创造无限"的发展理念，践行"一天也不耽误，一天也不懈怠"的企业精神，致力于将金融工作回归本源，服从服务于经济社会发展，为客户提供全面、专业的财富管理服务。

当前，在复杂多变的宏观经济环境下，关注和发展家族财富管理业务，积极主动参与其中，是五矿信托响应"金融回归本源"号召的一个重要体现。从 2019 年起，五矿信托决定逐年推出家族财富管理行业研究报告，发布行业前沿观点，为推进国内家族财富管理回归本源、探索真正适合我国国情的家族信托业务贡献力量。本次推出的《家族财富管理调研报告 2020：家族财富管理十年回顾与展望》是系列报告的第二期。

家族财富管理已迎来最好的时代，新旧动能转换需要财富助力。美国次贷危机爆发以来，世界经济复苏乏力带来贸易保护主义抬头、民粹主义和极端政治持续冲击，逆全球化逐步形成风潮。面对西方国家对产业链话语权的争夺，我国经济要从高速发展转向高质量发展，必须更加依赖国内存量市场，更加依赖创新发展。做大国内市场，就要避免改革开放积累下来的财富流散海外导致产业空心化，有必要将传统行业积累的沉淀资本配置在转型升级的新兴行业中，实现传统产业资本的升级换代及经济增长的新旧动能转换。完善的法律体系为家族财富管理提供了良好的政策环境。2020 年 5 月，《民法典》正式颁布，确立了公民的民事权利及其他合法权益受法律保护的根本理念，进一步完善了民事权利制度与物权制度，为财富传承提供了全面的法律保障。《民法典》对公民相关民事权利的确认，有利于家族财富管理业务的稳健发展。除《民法典》外，2019 年 11 月发布的《全国法院民商事审判工作会议纪要》明确了《信托法》关于信托财产独立性的内容，《关于规范金融机构资产管理业务的指导意见》和《信托公司资金信托管理暂行办法（征求意见稿）》也都明确了家族信托的例外原则。家族信托业务能够满足财富传承的需求。人民物质生活水平显著提高带来高净值、超高净值客群跨越式增长，资产管理与财富传承的需求正集中显现。在相关法律法规与监管政策不断完善的背景下，切实履行受托人责任的家族信托业务，因可以有效满足高净值人群财富登记、交易、传承的多元化、定制化和私密化需求，越来越成为家族财富管理业务、各家信托公司业务创新转型发力的新方向。

2018 年，五矿信托坚持以"受托人责任"为核心，秉承"受人之托，代人理财"的信托本源理念，成立家族办公室，并先后完成了业务论证、模式梳理、远景规划和业务发展定位等工作。植根于中国高净值及超高净值客户家族财富管理与传承的普遍需求，五矿信托家族办公室团队会聚来自银行、投行、法律、税务、资产管理等多个专业领域的专家顾问，凭借丰富的财富管理与家族事务执行经验，提供财富管理、家族传承、家族投行、家族慈善、家族艺术、家族康养及法律和税务筹划等高度专业化、定制化的产品与服务。通过科学运用信托等金融工具及相关法律知识，满足家族不同阶段的特定需求，协助客户实现从个人到家族的长期发展与治理目标。五矿信托家族办公室自设立起，就秉持高起点、高质量、高标准的原则，致力于站在行业的制高点，统筹多方力量，满足客户个性化需求，整合多样化渠道，引领行业前沿创新，力争成为信托行业家族财富管理领域的领跑者。下一阶段，五矿信托将在家族办公室的团队建设、跨界资源配置、品牌建设、机构内部体制机制配套等方面持续发力、更加用力，形成核心竞争力，最大限度地赢得市场信任。

　　中流击水，奋楫者进。家族财富管理行业在中国的发展不过十年，它的潜力还远远没有发挥出来。值此五矿信托十年诞辰之际，眺望下一个十年的风景，正如我们在书中预测的，家族财富管理行业将会形成新的竞争格局。在金融行业努力回归本源的今天，五矿信托家族办公室愿意沉下心来，为国内家族财富管理行业的发展做基础研究，更愿意把自身的一些经验和思考与各界朋友交流，希望五矿信托家族办公室的市场定位、业务内容、文化理念及专业资产配置和财富管理能力能够获得大家的认同。

　　新故相推，日生不滞。历史只会眷顾坚定者、奋进者、搏击者，在新的十年，让我们以梦为马，奔涌前行！

任珠峰

目录/CONTENTS

前　言
十年将至　花开有声

　　过去的十年，是我国家族财富管理行业发展的黄金十年，行业从无到有，迅速发展壮大，并广为高净值客户了解、接受。过去的十年，也恰是我国信托业发展的黄金十年，信托业迅速成长为我国第二大金融子行业，为国家的发展建设贡献了力量。过去的十年，还是五矿信托诞生后历经的第一个十年，秉五矿精神，乘行业东风，十年来五矿信托不懈拼搏，努力进位争先，目前已经跻身行业第一梯队。

　　文化建设是国家软实力的突出体现。在庆祝中国共产党成立95周年大会上，习近平总书记发表重要讲话，提出文化自信等四个自信。文化建设同样可以彰显行业的软实力，2019年底召开的信托业年会提出，推动开展信托文化建设，通过文化的力量重塑行业新形象，注入发展新动能。2020年6月，中国信托业协会正式发布《信托公司信托文化建设指引》。历经十年高速发展，无论是家族财富管理行业，还是信托行业，当下都已经到了强调行业文化，需要通过文化精神引领自身业务健康发展的阶段。2020年，恰逢五矿信托成立十周年，公司提出要打造"一核、两翼、四体系"的新格局，其中的"一核"就是指深入推进信托文化建设。

　　尽管信托制度源于英国，信托业务发展于美洲，但是追根溯源，信托文化与中华文化也是一脉相承的。着眼于同信托文化密切相关的家族财富管理市场，并献礼五矿信托十周年诞辰，五矿信托联合国家金融与发展实验室财富管理研究中心共同撰写《家族财富管理调研报告2020：家族财富管理十年回顾与展望》，作为家族财富管理调研报告的第二期，即2020期。

　　全书共分市场、机构、服务、制度和专题五篇十四章。其中，第一章是总览，从市场、机构、服务、客户和监管等视角进行十年回顾与展望；第二章从组织架构、业务模式、风控体系和 IT 系统等维度阐释商业银行、信托公司、保险公司和证券公司等机构财富管理板块的发展情况；第三章重点阐释私人银行的发展脉络、发展特点和未来展望；第四章则是从信托文化、信托雏形和家族信托等维度重点分析信托公司的家族财富管理业务；第五章是服务体系的介绍，在概览商业银行、信托公司、证券公司和保险公司等产品服务体系的基础上，重点剖析家族信托和保险金信托业务等；第六章是有关慈善信托的发展概述、运作模式和未来展望；第七章从功能定位、典型案例和未来展望等多维度阐释家族宪章服务；第八章则重点介绍消费信托、艺术品信托和养老信托等创新性信托业务的发展现状和发展特点；第九章是对信托业监管重构的一些探讨，包含问题剖析、理论反思和制度完善等内容；第十章到第十四章是专家约稿，对财富管理行业进行总结和展望。

十年将至，花开有声。十年的孕育发展实现了家族财富管理业务从 0 到 1 的突破，我们衷心希望，未来十年能够实现从 1 到 N 乃至无穷的跨越。在报告撰写过程中，课题组内部从确定选题、组织提纲、撰写初稿到最终定稿进行了多次讨论，同时，为聆听行业专家的真知灼见，我们还组织了针对外部专家的调研，他们的很多观点也已体现在书中，在此一并致谢。他们分别是（按拼音字母顺序）：

李　文　中国民生银行私人银行部副总裁
梁东擎　中金公司财富服务中心董事总经理
刘　敏　中国银行个人数字金融部总经理
毛歆竹　泰康人寿健康财富管理事业部副总经理
王　卓　五矿国际信托有限公司总经理

正如五矿信托总经理王卓所言，"珠玉不如善友"，家族财富管理调研报告的成书离不开各界朋友一直以来的大力支持，希望我们的专业能力能够获得大家的认可，文化理念能够广为传播。

第一篇　市场篇

MARKET

ONE

▶ 第一章　市场发展

　　改革开放以来，我国经济快速发展，GDP 由 1952 年的 679.1 亿元增加到 2019 年的 99.09 万亿元，增长了 1458 倍多。与之相呼应，居民的财富也从零到有，生活渐至富裕，进而迈向了多元化的投资道路。在居民财富升级的引领下，国内资产管理市场也出现了明显的产品升级和机构升级态势，理财投资工具由储蓄向理财、债券、股票、基金、黄金、信托、家族信托等逐步衍化，私人银行和家族办公室先后出现。展望未来，我们预计国内财富管理市场将由以产品为导向的 1.0 时代迈向以服务为导向的 2.0 时代，客户由个体转向家族或家族企业，需求由标准化转向定制化。这些大的趋势变化将带动参与机构在持续实现机构升级和产品升级的同时，进一步做好服务升级工作，最终实现向全方位、个性化、定制化的综合金融或非金融方案提供商方向转型。

　　追溯而言，居民金融投资的原生金融市场可上溯到以 1950 年折实公债为起点的债券市场（通过商业银行渠道进行投资）和以 1984 年飞乐股票为起始的股票市场投资。发展至今，债券市场的主要可投资品种有国债、金融债和信用债等，债券的衍生投资品国债期货等，2018 年末的债市总额为 87.56 万亿元。就股票投资而言，近代以来的第一只股票应是官督商办的轮船招商局发行的，改革开放以来的股票投资是从飞乐股票开始的，还有衍生的融资融券业务、多层次资本市场投资以及连通内外的沪港通和沪伦通等。除债券和股票等金融市场投资外，2001 年 4 月，中国人民银行行长宣布"统购统配"的黄金计划管理体制，并于 2002 年在上海成立黄金交易所，拉开居民投资黄金市场的序幕，目前可供投资的黄金产品有纸黄金、实务黄金、黄金期货、黄金定投和黄金 ETF 等。至此，原生与衍生、金融与商品等两类四种居民投资工具已基本健全。

　　自 2003 年"一行三会"的框架搭建完成到 2005 年商业银行理财办法的颁布实施，银行理财、证券资管、保险产品、证券基金和信托计划等国内以产品为导向的财富管理市场框架基本搭建完毕，此后，处于产品的升级改造阶段。粗略而言，财富管理市场总体可分为 2004~2008 年的起步阶段、2008~2018 年的高速发展阶段以及 2018 年以来的高质量发展阶段。第一，存量规模汇总由 2007 年的 6.59 万亿元飙升到 2018 年的 136 万亿元，增长近 20 倍，与 GDP 之比的深化程度也由 2007 年的 24.79% 飙升到 2018 年的 154.5%，受《关于规范金融机构资产管理业务的指导意见》（简称"资管新规"）影响，2019 年财富管理市场的总体规模有所下降（见表 1）。第二，鉴于 2018 年银监会和保监会合并成立银保监会，2019 年银保监会下辖的各类金融产品规模占市场总量的 61.13%，连续四年上升，市场集中度进一步提高。分市场而言，与过去普涨格局不同，2019 年有涨有跌，信托计划、券商资管、基金专户以及期货资管等存量规模继续回落，其他市场的存量规模则有所提升。第三，信托行业总体增速为负，低于市场总体表现，但信托行业的存量规模占比并无明显变化，维持在 10%~30%（见图 1），行业地位毋庸置疑。另外，虽然增速和占比有所回落，但与客户需求高度吻合的家族信托业务增长势头强劲。

表 1 财富管理市场存量规模

单位：万亿元，%

年份	银行理财	私人银行	信托计划	券商资管	公募基金	基金专户	期货资管	私募基金	保险运用	汇总	GDP	深度
2007	0.9	—	0.71	0.08	2.23	—	—	—	2.67	6.59	26.58	24.79
2008	1.4	0.29	1.2	0.09	2.57	—	—	—	3.05	8.6	31.4	27.39
2009	1.7	0.82	1.98	0.14	2.45	—	—	—	3.74	10.83	34.09	31.77
2010	2.8	1.1	3.04	0.18	2.42	—	—	—	4.6	14.14	40.15	35.22
2011	4.6	1.88	4.81	0.28	2.19	—	—	—	5.52	19.28	47.31	40.75
2012	7.1	2.63	7.47	1.89	2.87	—	—	—	6.85	28.81	51.94	55.47
2013	10.2	3.6	10.91	5.2	3	—	—	—	8.28	41.19	56.88	72.42
2014	15	4.66	13.98	7.95	4.54	—	0.013	2.13	9.3	57.57	63.65	90.45
2015	23.5	6.32	16.3	11.89	8.4	12.73	0.1	5.07	11.18	95.49	66.67	143.2
2016	29.05	8.35	20.22	17.58	9.16	16.89	0.29	7.89	13.12	122.6	74.41	164.7
2017	29.54	9.05	26.25	17.37	11.14	14.38	0.24	10.32	14.92	133.2	82.71	157.2
2018	31.66	9.96	22.7	16.12	12.64	11.61	0.19	12.79	18.33	136	88.04	154.5
2019	31.78	12.10	21.60	11.00	14.80	8.70	0.14	13.70	18.52	132.3	99.09	133.57

注： ①银行理财的数据为非保本理财数据和央行公布的结构性存款数据之和。
　　 ②资产管理市场深度 = 汇总的资产管理市场余额 /GDP。

资料来源：银保监会和证监会及其下辖的行业协会或官方机构发布的相关报告。

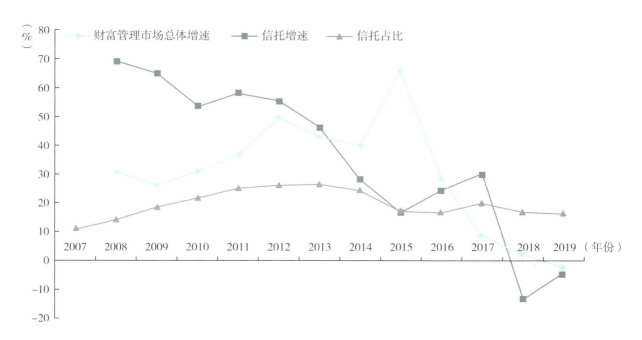

图1　2007~2019年信托占比、信托增速与财富管理市场总体增速时序
资料来源：课题组整理。

　　对外开放是金融业更是财富管理行业下一个十年的主旋律。2019年7月20日，《关于进一步扩大金融业对外开放的有关举措》指出，鼓励境外金融机构参与设立、投资入股商业银行理财子公司；允许境外资产管理机构与中资银行或保险公司的子公司合资设立由外方控股的理财公司。2019年10月11日，证监会例行发布会决定：自2020年4月1日起，在全国范围内取消基金管理公司外资股比限制；自2020年12月1日起，在全国范围内取消证券公司外资股比限制；自2020年1月1日起，取消期货公司外资股比限制。2019年12月20日，银保监会批准东方汇理资产管理公司和中银理财有限责任公司在上海（浦东）合资设立理财子公司，其中东方汇理资管出资比例为55%。

　　综上，财富管理市场十年变迁的总体特点是从本土到开放，未来的竞合格局并非国内同业之间的事情，而是国内机构与国际机构之间的事情。鉴于此，提高我们的定价、风控和投研能力将是应对市场开放的不二法则。再者，就国内市场发展而言，未来的总体趋势是高端智能。对普通客户，我们可通过智能投顾来满足其标准化的服务需求，对高净值客户，我们可通过定制化的金融或非金融方案来满足其个性化的服务需求。

第二节 ▶ 参与机构：从多元到回归

改革开放以来，先富群体带动后富群体，居民总体财富水平日益提升，投资需求更加丰富多样。同时，财富个体也由个人升级到家庭、家族及其所属的家族企业。在此背景下，作为财富管理的供给方——金融机构和非金融机构也相继优化自己的组织架构和产品体系，以迎接居民财富的升级变迁。商业银行理财业务先是由金融市场部代管再到成立资产管理专属部门以及独立法人模式的理财子公司等，信托公司相继设立财富管理部、家族信托部或家族办公室等相关部门，保险公司设立高净值客户服务部等，基金公司设立理财事业部并推进基金公司的投顾业务等，证券公司设立私人银行部，独立的财富管理机构和家族办公室等也加入财富管理乃至家族财富管理的序列。同时，一波"法商"行情加速律师事务所进入家族财富管理的序列。事实上，金融领域的"法商"就是用现有的金融制度优势对冲潜在的家业风险，信托法和保险法具有独特优势，而其中信托制度的财产独立、风险隔离和税务筹划等制度优势又更胜一筹。

事实上，客户对不同类型财富管理机构的认可度不一（见图2），一方面原因在于不同类型机构的优劣势不同（见表2），另一方面则与独立财富管理机构等新兴机构相继出现"暴雷"等声誉风险事件有关。我们知道，"信任"是财富管理业的"阿喀琉斯之踵"兼"达摩克利斯之剑"，既非常重要又容易被攻击，一旦被攻击，后果非常严重，这就是当下非金融机构参与财富管理业务的"硬伤"所在。如果说过去十年财富管理参与机构从传统金融机构向金融和非金融机构融合发展过渡的话，那么，未来十年，将是向传统金融机构的回归。毕竟，传统金融机构的"国家信用"优势不可替代。而信托机构的信托牌照优势将助其在家族财富管理领域扮演异常重要的角色。

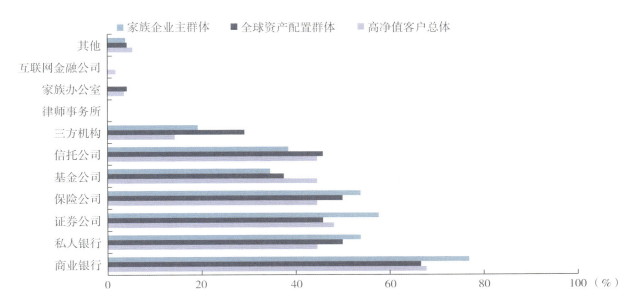

图2　高净值客户资产配置的机构选择

资料来源：课题组整理。

表2　财富管理机构的优劣对比

参与机构	业务重点	优势	劣势
商业银行	财富管理、资产管理	网点多、客户多、信任度高	服务弱、机制僵
证券公司	资产管理、财富管理	研究强、资管强、客户素质高	转型难、渠道少
寿险公司	财富管理	制度优、保障功能强	文化弱
基金公司	资产管理	资管强、客户素质高	渠道少
信托公司	财富管理	制度优、功能全	渠道少、客户少、文化弱
独立三方	居间业务	机制活、合伙人	信任弱、重业绩
家族办公室	居间业务	潜力大、管家2.0	噱头多、发展难
律师事务所	居间业务	信任度高、"法商"强	牌照无

资料来源：课题组整理。

第三节 ▶ **产品服务：从标准到定制**

　　商业银行的银行理财产品和私人银行业务，信托公司的资金信托和家族信托业务，证券公司的集合资产管理计划以及基金公司的证券投资基金等，均属于财富管理或家族财富管理的产品服务体系。《关于规范金融机构资产管理业务的指导意见》（简称"资管新规"）对产品体系的分类有明确的规定要求，不同类型的参与机构或可在统一要求下做一些微调。除金融产品服务体系的构建外，财富管理参与机构服务体系还包含非金融的增值性服务，如高端医疗、绿色通道和沙龙论坛等。

　　如前所述，财富管理市场的发展趋势是高端智能，与之相对应的则是产品服务的定制化，例如家族信托等。国内家族信托业务始于 2012 年，家族信托市场从 0 到 1，未来将走向从 1 到 N 乃至无穷大的快速发散扩展阶段。2013 年，仅有 6 家信托公司开展家族信托业务（见图 3），2019 年实质性开展家族信托业务的信托公司超过 35 家，规模在 1000 亿元以上。我们曾预估，到 2020 年底家族信托规模在 4000 亿元左右，几乎全部信托公司参与家族信托业务。我们对规模估计不做调整，对参与机构的数量调整如下：50 家左右信托公司参与家族信托业务，因为从家族信托业务的竞争力评价指标体系来看，部分机构确实很难在短期内参与该项业务。稍后的第三篇我们有专门一章阐述家族信托服务案例，在此我们不再赘述。

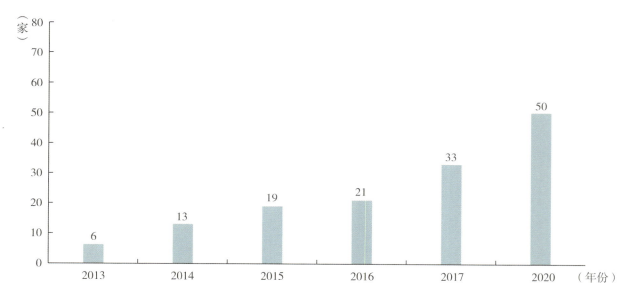

图 3 2013~2020 年信托公司参与家族信托业务的数量

资料来源：课题组整理。

第四节　客户需求：从单一到多元

新中国成立以来，随着体制机制逐步创新，社会主义市场经济体制基本经济制度确立，收入分配制度深入改革，产权保护制度逐步完善，中国经济取得了飞速发展，投资需求日益高涨。随着原生的债券市场（1950 年）和股票市场（1984 年）相继推出，监管框架逐步完善，证券投资基金（1997 年）、证券资管业务（2003 年）以及银行理财业务（2005 年）等相继推出，居民的投资渠道也日益丰富，但与居民的可投资资产规模相比，还相距甚远。据测算，2015 年居民可投资资产规模[1]的波动区间下限和上限分别为 149 万亿元和 212 万亿元，2016 年和 2017 年分别为 213 万亿元和 251 万亿元。到2020 年，居民可投资资产规模的波动区间下限和上限分别为 356 万亿元和 474 万亿元，中等情形的可投资资产规模为 415 万亿元（见图 4）。而财富管理参与机构的总供给为 132.3 万亿元，这其中仅有35% 左右的产品是由居民购买的。

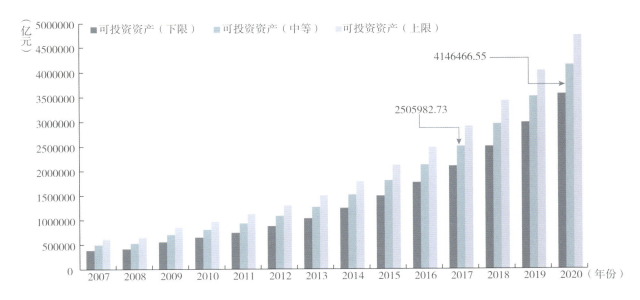

图 4　2007~2020 年国内居民可投资资产规模

资料来源：课题组整理。

　　就财富管理目的而言，2019 年，财富增值、财富保值和财富传承位居三甲，其次是品质生活、风险隔离、子女教育以及家业治理，移民和移居占比较低（见图 5）。与过去两年调研结果相比，家族企业主对财富增值、财富保值、财富传承、家业治理、风险隔离和股权重构的关注度都创历史新高，而对品质生活、子女教育、移民和移居的关注度有所减弱。这表明以下几点。第一，家族企业主在追求传统财富管理需求（保值、增值与传承）的同时越发关注家族企业治理问题，如风险隔离和股权重构等。第二，家族企业主对品质生活等关注明显减弱，对移民和移居关注度较低。这从我们对另一问题（是否想移民或将资产进行海外配置）的调研结果也可得到佐证，调研样本中有 42.86% 的样本回答"不想"，46.43% 的样本回答"一般"，只有 10.71% 的样本回答"非常想"。

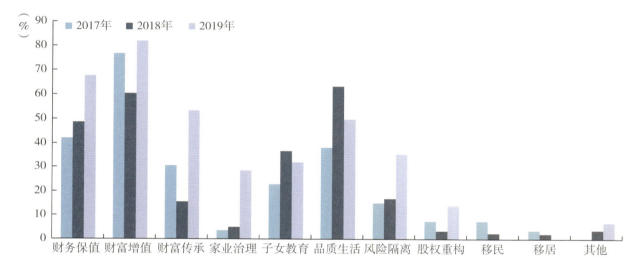

图 5 家族企业主资产配置目的

资料来源：课题组整理。

　　客户对家业治理风险认识不足，如对"家庭与（或）企业整体潜在风险自评"较低或居中的占 85% 以上，认为潜在风险较高的占 14.29%。在个人风险认识方面，认为死亡风险和道德风险"居中"的家族企业主占比较高，分别为 42.86% 和 25%，值得关注；在家庭风险认识方面，认为婚姻风险、隔离风险和传承风险"居中"的占比较高，其中传承风险占比最高，为 42.86%；在企业风险认识方面，家族企业主认为风险"较低"的有六成左右，认为"居中"的占三成左右，特别需要指出的是，家族企业主认为担保风险较高的占 10.71%，认为官商勾结风险较高的占 7.14%（见图 6），值得关注。

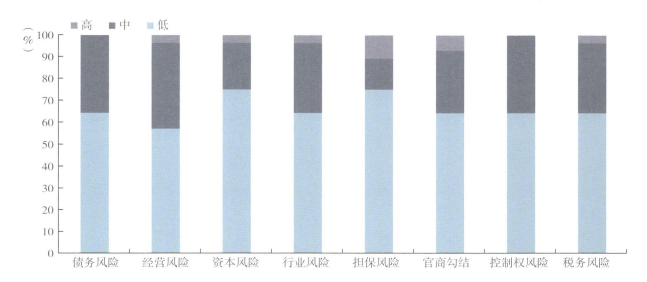

图6　2019年家族企业主的企业风险意识

资料来源：课题组整理。

综上所述，客户需求已由单一的保值增值转向保值、增值、传承以及其他相关配套服务，但对家业治理中的潜在风险认识不足，未来还会延续这样的客户需求态势。

第五节　▶　监管体系：从分业到融合

　　1995年3月18日，第八届全国人民代表大会第三次会议通过《中华人民共和国中国人民银行法》，至此，中国人民银行作为中央银行被以法律形式确定下来。此后，证监会、保监会和银监会相继成立，"一行三会"的监管机构搭建完成，这也是国内财富管理市场同质竞争的开始。银监会成立之前，在以产品为导向的国内资产管理市场中，证券投资基金和资金信托以及证券集合资产管理计划是居民的主要投资工具。随着2005年《商业银行个人理财业务管理暂行办法》的推出，在以间接金融为主导的国内金融体系中，以银行理财为主导的我国财富管理市场迅速发展。从2005年到2018年3月，我国财富管理市场监管体系以分业监管为主，未来将以统一融合的监管体系为主。

2018 年 3 月 28 日，中央深改委第一次会议审议通过了"资产新规"，会议指出"规范金融机构资产管理业务，要立足整个资产管理行业，坚持宏观审慎管理和微观审慎监管相结合、机构监管和功能监管相结合，按照资产管理产品的类型统一监管标准，实行公平的市场准入和监管，最大程度消除监管套利空间，促进资产管理业务规范发展"。2019 年 2 月 22 日，习总书记在中共中央政治局第十三次集体学习时强调"深化金融供给侧结构性改革必须贯彻落实新发展理念，强化金融服务功能，找准金融服务重点，以服务实体经济、服务人民生活为本。要以金融体系结构调整优化为重点，优化融资结构和金融机构体系、市场体系、产品体系，为实体经济发展提供更高质量、更有效率的金融服务。要构建多层次、广覆盖、有差异的银行体系，端正发展理念，坚持以市场需求为导向，积极开发个性化、差异化、定制化金融产品"。这两次会议对资管行业的监管、机构、市场和产品服务等均给出了明确的指导意见，可谓资管行业"新时代"的指导思想或战略定位。

对资管行业监管的总体要求是"统一监管"，同时还强调宏观审慎监管和微观审慎监管相结合、机构监管和功能监管相结合等，典型表现如银保监会的成立等。2020 年 5 月 8 日，银保监会颁布《信托公司资金信托管理暂行办法（征求意见稿）》（简称"资金信托新规"）。至此，与"资管新规"相关的分部门细则均出台。在"统一监管"上，从合格投资者的界定、产品分类、投资方向、集中度、信息披露到风险计提等方面均以"资管新规"的要求为基准，分部门的实施细则在基准上进行微调。"微调"略有差异，其中最大的差异或在非标投资的界定上，这是机构禀赋的业务差异所在，也是关于"统一不统一"的争议或诟病所在，更是"资管新规"及分部门细则进一步完善的空间所在。

具体而言包括以下几个方面。第一，从银行理财的业绩比较基准和机构性存款的预期收益率看，二者是"预期收益率"的一种变形，"破刚兑"还有很长的路要走。第二，银行理财的非标投资总额不得超过净资产的 35% 和上年末总资产的 4% 中的最大者，对单一产品的投资比例没有约束；证券期货经营机构[2] 非标资产的投资不得高于全部资产管理计划的 35%。对单一产品，一个集合资产管理计划投资于同一资产的资金，不得超过该计划资产净值的 25%，同一证券期货经营机构管理的全部集合资产管理计划投资于同一资产的资金，不得超过该资产的 25%。从这个角度而言，在非标投资上，1 个银行理财产品等于 4 个证券期货经营机构的资管产品。第三，《关于加强规范资产管理业务过渡期内信托监管工作的通知》规定，对事务管理类信托业务要区别对待、严把信托目的、信托资产来源及用途的合法合规性，严控为委托人监管套利、违法违规提供便利的事务管理类信托业务，支持信托公司开展符合监管要求、资金投向实体经济的事务管理类信托业务。第四，证券期货经营机构不得发放委托贷款，因为它们的资金来源是"受托管理的他人资金"，而商业银行依然可以。当然，"资管新规"及分部门的实施细则在合格投资者界定、产品分类以及杠杆比例约束等方面几乎相同。第五，最高人民法院发布的《全国法院民商事审判工作会议纪要》和文明执法理念等进一步强化信托独立性原则，将有助于家族信托业务的开展。第六，2020 年 3

月 1 日起正式实施的《证券法》第二条明确规定，"资产支持证券、资产管理产品发行、交易的管理办法，由国务院依照本法的原则规定"，首次将资产管理产品写进《证券法》，进一步夯实了对资管产品统一监管的法律基础。2018~2020 年与财富管理市场相关的法律法规见表 3，未来资管产品的监管规则和标准也将主要在《信托法》《证券法》《证券投资基金法》等法律框架下不断规范和完善。

表 3 2018~2020 年与财富管理市场相关的法律法规

时 间	部 门	名 称
2018年1月5日	银监会	《商业银行委托贷款管理办法》
2018年4月27日	人民银行、银保监会、证监会、国家外汇管理局	《关于规范金融机构资产管理业务的指导意见》
2018年7月20日	人民银行	《关于进一步明确规范金融机构资产管理业务指导意见有关事项的通知》
2018年8月17日	银保监会	《关于加强规范资产管理业务过渡期内信托监管工作的通知》
2018年9月26日	银保监会	《商业银行理财业务监督管理办法》
2019年10月18日	银保监会	《关于进一步规范商业银行结构性存款业务的通知》
2018年10月22日	证监会	《证券期货经营机构私募资产管理业务管理办法》
2018年10月22日	证监会	《证券期货经营机构私募资产管理计划运作管理规定》
2019年10月12日	人民银行	《标准化债权类资产认定规则（征求意见稿）》
2019年10月24日	证监会	《关于做好公开募集证券投资基金投资顾问业务试点工作的通知》

续表

时　间	部　门	名　称
2019年11月14日	最高人民法院	《全国法院民商事审判工作会议纪要》
2019年12月2日	银保监会	《商业银行理财子公司净资本管理办法（试行）》
2020年12月16日	最高人民法院	《关于在执行工作中进一步强化善意文明执行理念的意见》
2019年12月27日	人民银行、银保监会	《关于规范现金管理类理财产品管理有关事项的通知（征求意见稿）》
2019年12月29日	全国人大	《中华人民共和国证券法》（2019年修订）
2020年3月18日	银保监会	《保险资产管理产品管理暂行办法》
2020年4月16日	银保监会	《关于金融资产投资公司开展资产管理业务事项的通知》
2020年5月8日	银保监会	《信托公司资金信托管理暂行办法（征求意见稿）》
2020年8月16日	证监会	《公开募集基础设施证券投资基金指引（试行）》

资料来源：课题组整理。

专栏　信托业中与财富管理业相关的监管历程

　　我国的信托事业始于 20 世纪 20 年代，新中国成立后对原有的金融信托接管改造，与英美不同，我们信托法律遵从大陆法系。在财富管理板块，信托公司的发展大致可分为四个阶段。

　　第一阶段是 1979 年至 2000 年的萌芽阶段。 1979 年，中国境内信托业恢复，第一家信托机构中国国际投资信托公司成立，逐渐发展成兼营银行业务、证券业务、投资经营业务的"金融百货公司"，最多时有 1000 多家。随后中国人民银行先后对信托业进行五次大整顿，直到 2001 年《信托法》颁布之前，有 210 家信托机构退出市场，59 家获准重新登记，13 家拟保留未重新登记。在此过程中，信托公司也积累了一部分客户，单财富管理业务没有真正开展，尚处于萌芽阶段。

　　第二阶段是 2001 年到 2010 年的起步阶段。 2001 年，《信托法》为促进中国境内信托事业发展奠定了制度基础，2002 年《信托投资公司管理办法》《信托投资公司资金信托管理暂行办法》颁布，首次明确信托公司"受人之托、代人理财"的职责。但由于对信托的限制较为严苛，规定集合资金信托计划不得超过 200 份信托合同、每份合同金额不得低于人民币 5 万元，信托公司难以依靠自身力量完成大规模信托项目的资金募集。2007 年，《信托公司管理办法》和《信托公司集合资金信托计划管理办法》正式颁布，信托才逐渐打开多元化资金渠道，进一步放开投资者人数限制，规定单个信托计划的自然人数不得超过 50 人，但单笔委托金额在 300 万元以上的自然人投资者和合格机构投资者数量不受限制。这条变动对信托公司的财富管理业务发展至关重要。但由于当时的信托公司业务中主动管理的集合信托规模占比不高，这一时期第三方理财市场发展较快，成为信托公司的重要销售渠道之一，信托公司财富管理业务处于起步阶段。

　　第三阶段是 2011 年至 2017 年的初步发展阶段。 2011 年是信托公司财富管理发展的元年，由于第三方理财的不规范销售问题逐步显现，监管开始进行严格限制。2011 年《关于规范信托产品营销有关问题的通知》出台，鼓励信托公司发展直销业务，各家信托公司纷纷建立客户服务中心、财富管理中心发展财富管理业务。

　　第四阶段是 2018 年以来的转型发展阶段。 "资管新规"下，财富管理业务发展成为信托公司回归本源的重要业务之一。2018 年 8 月发布的《信托部关于加强规范资产管理业务过渡期内信托监管工作的通知》明确指出，公益（慈善）信托、家族信托不适用"资管新规"相关规定。一些信托公司开始从传统的房地产信托、基础设施信托等转型进入资产证券业务、家族信托、慈善信托等领域，培育新的利润增长点。2018 年 9 月，中国信托业协会发布《信托公司受托责任尽职指引》；2019 年中国信托业年会上，中国信托业协会会员大会审议通过《信托从业人员管理自律公约》《信托消费者权益保护自律公约》《绿色信托指引》，上述法律法规和行业自律规范在规范受托人行为的同时，也为建立信托文化体系、夯实责任保障机制提供了制度基础和规范标准。2019 年 11 月，《全国法院民商事审判工作会议纪要》的印发尤为引人关注，其中营业信托纠纷审判以及金融投资者保护的相关规定对信托行业影响深远。信托责任的司法保障体制逐步完善充分说明，我国信托文化体系建设在司法层面也得到了实质有效的拓展和推动。

　　2001~2018 年我国信托行业发展脉络见图 7。

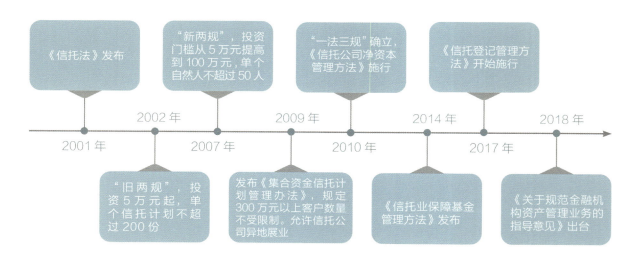

图 7　2001~2018 年我国信托行业发展脉络

资料来源：中国信托业协会（2019）。

　　2020 年是下一个十年的开局之年，从财富管理的角度而言，可能是新的竞争格局形成的开始，因为供给和需求层面都到了最为关键的时刻。从 2005 年《商业银行个人理财业务管理暂行办法》（银监会令 2005 年第 2 号）至今，供给端走过了 15 个年头，虽然历经影子银行或银行的影子等信贷扩张阶段，但我们也有私人银行业务或家族信托业务生根发芽并茁壮成长的阶段，未来的竞争是服务的竞争，服务的竞争则靠人。2020 年是新中国成立 71 周年、改革开放 41 周年，国民财富从无到有再到现在每个家庭都有一定数额的财富积累，居民的财富管理需求与日俱增。1992 年邓小平南方谈话之后的创业群体现也进入暮年，正处于一代二代传承的关键期。如果说 2005 年《商业银行个人理财业务管理暂行办法》的颁布是国内财富管理市场的起点，2005~2019 年为第一发展阶段的话，那么下一个十年乃至未来更长的一段时间，将是国内财富管理市场发展的第二个阶段。第一阶段的典型特征是保值增值，第二阶段的典型特征则是家族财富传承和家族企业传承，传承的前提是保全，保全的要义则是风控。

　　最后，我们从五个方面展望未来的财富管理市场。

　　第一，**监管政策深化融合**。未来，财富管理市场将在"资管新规"的指引下，消除监管叠加或监管空白，早日实现统一监管。同时，信托制度还须进一步完善，如信托的登记制度和税收制度等。关于"破刚兑"的文化属性问题，"官利红利"制度自古有之，"官利"就是"刚兑"，现在的"破刚兑"与历史传统相容么？而且，"破刚兑"与投资者受教育水平呈正相关关系，要想实现"刚兑"，我们是不是该先做好教育呢？

　　第二，**市场发展开放集中**。显然，财富管理市场会逐步开放，回想 2008 年前后的财富管理市场。2008 年之前我们做的更多的是资产管理的事，2008 年之后我们做的更多的可能是信贷投放的事。从提高资产管理能力的角度而言，我们错过了一个发展周期，而这个发展周期却是极为重要的，因为在与外资的竞合发展中，我们更需要提高自身发展能力，即"做有资产管理能力的财富管理机构"。未来国内市场在银保经营机构和证券期货经营机构方面的市场格局势必进一步分化，银保经营机构的集中度将进一步提高。

　　第三，**机构展业竞合错位**。目下，财富管理的参与机构有金融或非金融机构，金融机构在此不用赘述，非金融机构如独立三方、家族办公室、律师事务所或移民机构等，不同机构的优劣不同，但在非金融机构相继"暴雷"的前提下，传统金融机构将重回财富管理市场的核心。对大型集团性金融机构而言，为整合旗下财富管理业务，可借鉴三菱 UFJ 的横向整合策略调整起组织架构，即"一个机构、一个服务、一个客户"。对中小型金融机构而言，可考虑事业部模式和市场化的"两合制"模式，其中"两合制"源于两合制公司，要求其中一方必须承担无限连带责任，旨在提高零售客户的信任度。业务发展模式应采取"咨询顾问下的经济业务模式"。另外，要建立财富管理业务专属的 IT 系统，这是未来的核心竞争力所在。

第四，产品市场防范诉讼。坦率地讲，最近几年，财富管理市场的产品都没有特别的创新，"净值化"或许是创新点之一。未来，从机构展业的角度而言，对普通客户的服务策略是"净值化 + 标准化 + 线上化"，对高净值客户的服务策略是"定制化 + 个性化 + 线下化"。2020 年及今后一段时间，财富管理的参与机构要重点防范投诉风险，一是"破刚兑"下的理财产品投诉问题，如何应对本轮投诉问题，是决定"破刚兑"能否实现的关键一环；二是家族信托的诉讼问题，2012 年至今，家族信托业务开展已接近十年，未来势必会出现一些诉讼，在参考国际经验的基础上，如何做好诉讼应对，对国内家族信托业务的发展至关重要。

第五，客户需求做好风控。从前述调查结果来看，我们可以得到一个初步的共识：家业治理中的风险控制是家族企业主关心的主要问题。具体而言，其一，家族企业主资产配置目的以家业治理方面的"股权重构"和"风险隔离"为主，资产配置的机构选择出现了新秀"家族办公室"，资产配置类型中的"家族信托"获得高度关注；其二，家族企业主在传承方式的选择上也慢慢倾向于家族办公室和家族信托；其三，家族企业主对风险的意识和认知都明显不足，而我们调查的风险类型恰是导致家族企业发生更迭的风险。事实上，在提高资产管理的同时做好风险控制以及家业治理中的风险对冲，是财富管理市场 2020 年及以后需求侧的重心。无论是高净值客户、家族企业主，还是普通投资者，都要建立并深入分析个人、家庭乃至家族的生命周期资本负债表，从中分析潜在的金融需求和主要风险，并通过现有的金融制度优势或金融服务在满足金融需求的同时对冲潜在风险，以便未来风（"风险"）平浪静。

"沉舟侧畔千帆过，病树前头万木春"，在需求推动下，未来十年财富管理市场必将在监管逐步统一、市场逐步融合、机构逐步规范、产品逐步创新、客户逐步成熟的格局下走向辉煌。

注释：

1. 居民可投资资产分金融资产和非金融资产两类，其中非金融资产表示房地产投资，金融资产分储蓄存款、一级市场和金融产品三类。储蓄存款又分活期存款和定期存款两类，一级市场分债券市场和股票市场两类，金融产品分银行系、证券系和保险系三类。银行系金融产品再细分为银行理财（针对普通客户）、私人银行和信托产品三类，证券系金融产品分为公募基金、证券公司资管产品、基金公司专户产品、基金子公司专户产品、期货公司资管产品和私募机构私募产品，保险系金融产品指寿险等针对居民销售的保险产品等。
2. 指证券公司、基金公司、期货公司及其依法设立的从事私募资产管理业务的子公司。

第二篇　机构篇

ORGANIZATION

TWO

▶ **第二章　参与机构**

　　21世纪以来，我国财富管理行业的参与机构虽然仍以传统金融机构为主，但是也诞生了大量的独立财富管理机构、家族办公室和律师事务所等非金融机构。而且由于非金融机构体制机制较为灵活多样，传统金融机构的优秀理财经理和优质客户纷纷转向非金融机构，一度带来了非金融机构或是独立私人银行即将大发展的错觉。然而，过去两年，部分非金融机构产品"踩雷"，内忧外患相继袭来。如果说，过去十年财富管理的参与机构是从传统走向多元的话，那么未来十年，财富管理参与机构大概率将从多元回归传统。毕竟，传统金融机构的"国家信用"优势独一无二。本章我们将以商业银行、信托公司、保险公司和证券公司等典型财富管理参与机构为样本，从组织架构、业务模式、风控体系和IT系统建设等维度阐释过往十年的发展情况，文末则是对下一个十年的简要展望。

第一节 ▶ 商业银行：从部门到法人

　　组织架构由部门到法人。初始阶段，商业银行开展财富管理业务主要通过零售部门或金融市场部，而后为满足客户多样化的财富管理需求，构建专业化的理财服务平台，又在此基础上设立了私人银行部。2018 年 9 月，银保监会公布实施《商业银行理财业务监督管理办法》，作为"资管新规"的配套实施细则，适用于银行尚未通过子公司开展理财业务的情形。2018 年 12 月 2 日，银保监会颁布《商业银行理财子公司管理办法》，自此，银行理财子公司走向"前台"。商业银行整体财富管理的主要服务部门从零售部转向了私人银行与财富管理子公司并行的状态。作为新兴的理财子公司，其在架构上主要由原有的资管部平移而来，业务的协同性方面也仍然与分行有联系，但正在逐步弱化。以工银理财为例，工银理财是工商银行的全资子公司，下设董事会、监事会、审计委员会等，原工商银行资产管理部总经理任董事长；从管理层来看，下设产品营销、投资研究、风险管理、运营支持、综合管理五大板块，总共包含 20 个部门，原金融市场部兼同业业务部负责人出任总裁。其中，投资研究板块包括自营业务部、项目投资部、固定收益投资部、资本市场投资部、国际市场投资部、专户投资部、量化投资部、集中交易室、研究部等部门。

　　业务模式由产销到投研。以商业银行理财子公司为例，理财子公司基本上由商业银行资管部门平移而来，在产品销售方面依托商业银行本身具有的天然优势，在渠道方面依托商业银行的分支机构和广泛的客户基础，通过线下销售渠道，实现低成本、大规模、高效率的宣传和销售，这与大部分依赖外部销售的资管产品有所不同，但依然着眼于产品销售本身。而《商业银行理财子公司管理办法》将原来被排除在外的理财合作机构私募纳入了合作范围，明确了依法合规、符合条件的私募投资基金管理人也能作为私募理财产品的合作机构和公募理财产品的投资顾问。此外，净值型理财产品的要求打破了刚兑的传统模式，这也倒逼了理财子公司从产品销售向投资研究的转变。

　　风控体系最稳健也最薄弱。银行理财子公司脱胎于商业银行资管部门，其风控沿用了商业银行的风控体系。考虑到银行理财子公司主要还是聚焦于投资领域，因此其风险主要包括操作风险、信用风险和合规风险，这主要依赖部门架构设计与业务进行过程中的管理模式。《商业银行理财子公司管理办法》要求银行理财子公司建立健全内部控制和内外部审计制度，完善内部控制措施，提高内外部审计有效性，持续督促提升业务经营、风险管理、内控合规水平。在此背景下，理财子公司优化传统风险管理架构，创建以董事会为最高风险管理责任人的全面管理框架；并以合规及风险管理部作为全面风险管理的统一协调、指导和推进部门，监督各项风险政策的执行情况，定期进行风险政策的完善与调整。通过风险控制流程进行管控，具体包括识别、评估、监控和报告、控制和防范以及执行和反馈。依靠的基础设施包括管理制度、人力资源、资金和管理信息系统等。此外，总行由来已久的风险管理文化也将体现在理财子公司职工针对业务风险的价值观之上。从以上这些角度而言，商业银行财富管理业务的风控体系最为稳健。但从私人银行专属的风控体系来说，其反洗钱等风控体系又最为薄弱，这也是亟须进一步完善的地方。

IT 系统建设越来越受到重视。近年来，商业银行的 IT 系统建设与金融科技不断发展，数字化转型进程逐步推进。商业银行实力较为雄厚，为在金融科技领域更好更快发展，采取了一系列措施。第一，搭建自己的金融科技研发平台，建立金融科技子公司，如工商银行在雄安新区成立工银科技子公司；光大银行在北京建设了近 5 万平方米的数据中心和研发中心；招商银行将打造一个一体化的科技凭条，通过成立专门的资管科技公司，未来以 IT 为支撑，锻造整个子公司的交易组合管理、风险管理、决策分析、数据运营等能力，构建整个资管价值链的生态。第二，重视科技人员培养和金融科技投入。2019 年末，建设银行科技类人员数量为 10178 人，占集团人数的 2.75%；2019 年，建设银行金融科技投入为 176.33 亿元，占营业收入的 2.50%。2019 年光大银行科技投入达 34 亿元，占当年营业收入的 2.56%，比上一年度增长 44.7%；2020 年光大银行持续加大科技投入，全年科技投入将达到上一年度营业收入的 3%，全行科技人员占比要达到 4%。截至 2019 年 12 月末，平安银行科技人员（含外包）超过 7500 人，较年初增长超过 34%；2019 年 IT 资本性支出及费用投入同比增长 35.8%。第三，提高战略水平与加快布局。商业银行针对金融科技时代的挑战，纷纷构建了相应的战略及布局。如建设银行将金融科技作为战略之一，持续开发资产管理云操作系统（AMOS）、资产管理协同中枢（AMCC）及资产管理数据与创新应用集市（AMDM），打造"大资管家"系统平台；平安银行打造 AIBANK，打造 AI 中台、银行私有云平台、数据中台、分布式 PaaS 云平台、项目可视化平台等基础平台；邮储银行通过组织架构调整、科技建设投入以及构建"用户引流、客户深耕、价值挖掘"三位一体的"新零售"发展模式，借助金融科技大力推进数字化转型，打造智慧银行（见表 1）。

表 1 部分商业银行战略及金融科技布局进展

商业银行	战略	金融科技布局进展
工商银行	科技强行，构建面向未来、生态开放、敏捷开发、智慧智能的银行	发布智慧银行信息系统（ECOS1.0），实施e-ICBC 3.0互联网金融发展战略，在雄安新区成立工银科技子公司，组建金融科技研究员，设立5G、区块链等多个实验室，构建"主机+开放平台"双核心IT架构
建设银行	金融科技为三大战略之一	对内打造协同进化型智慧金融，构筑高效协同、支持创新的金融科技治理体系，搭建金融科技创新服务云平台，建设一体化协同研发平台
邮储银行	数字型转型，打造智慧银行	总行设立金融科技创新部和管理信息部；构建"用户引流、客户深耕、价值挖掘"三位一体的"新零售"发展模式，并借助金融科技大力推进数字化转型，打造"新零售"银行；2020年末全行信息科技队伍规模翻一番
交通银行	打造数字化、智慧型银行	"新531"工程智慧化转型；开展金融科技人才队伍"三大工程"，启动FINTECH管培生计划、金融科技万人计划、存量人才赋能转型三大工程
平安银行	AI BANK	打造AI中台、银行私有云平台、数据中台、分布式PaaS云平台、项目可视化平台等基础平台
浦发银行	一流数字生态银行	探索实践API Bank开放银行专营路径，打造虚拟"数字人"服务，构建大运营支撑平台、推动运营中后台支撑由"集中"向"共享"转变。运营内控数字化、智能化建设
招商银行	最佳客户体验银行	打造"云+API"技术架构，提供私有云；发布招商银行App8.0和掌上生活App8.0，发布财资管理云平台CBS7.0；设立鲲鹏计算联合创新实验室和负载均衡联合创新实验室

资料来源：课题组整理。

第二节 ▶ 信托公司：从产销到财管

　　信托公司的财富管理业务是从主要依靠渠道到发展直销客户的过程。2011 年，《关于规范信托产品营销有关问题的通知》鼓励直销业务发展，信托公司纷纷开始筹建自己的销售渠道，并设立了相应的产品营销、客户服务和财富管理等职能部门。2014 年前后随着《关于信托公司风险监管的指导意见》实施，信托公司加快了异地财富中心建设，但大部分信托公司依然主要是属地管理。从 2016 年开始，随着第三方理财市场整顿，各家信托公司纷纷加强在全国布局，增加高端客户市场占有及资金端主动权。2017 年有 35 家信托公司成立了财富中心，不同地区合计 204 家，2018 年已发展到 59 家信托公司设立财富中心，不同地区合计 362 家。

　　财富中心的主要架构有三种，其一为垂直型总部直管架构。此架构的主要特点是财富管理总部直接管理中后台及异地财富中心，由于顶部管理时上层理念传达及落实较快，因此管理成本较小，执行力较强，但各业务层面的自主能动性相对较弱。其二为扁平型部门独立架构。此架构的主要特点是前台和中后台独立，区域财富中心、家族信托及产品部也相对独立，组织架构更加扁平化。由于各个部门之间相互独立，因此决策更为专业，但各个部门之间的沟通成本较高。其三为事业部制和财富子公司架构。此架构的财富中心自主经营和自负盈亏，内部更为独立，有助于专业化发展，是财富中心重要的转型方向（见表 2）。

表 2 信托财富中心组织架构

组织架构	特点	优劣
垂直型总部直管架构	顶层管理	信息沟通顺畅，执行力强，但业务自主能动性及专业性相对较弱
扁平型部门独立架构	各部门相对独立	决策专业化，但部门间沟通成本高
事业部制/财富子公司架构	自主经营、自负盈亏	内部独立，专业化发展

资料来源：课题组整理。

　　从部门设置来看，目前财富中心主要包括前台营销部门、中后台支持部门以及家族信托办公室等特定部门（见图1）。前台营销部门是主要的创收部门，主要分为总部财富中心和区域财富中心，中后台支持部门主要包括发行管理部、客户管理部和运营管理部。发行管理部主要负责信托产品发行上架定价、营销和财富培训；客户管理部主要负责客户关系、品牌宣传、消费者权益保障和公共客户服务等；运营管理部主要负责财富条线运营、收益分配、TA数据维护、合同管理以及财富条线反洗钱工作等。家族财富管理的主要方式就是家族信托业务，2012年平安信托设立首单家族信托后，信托公司的家族信托业务纷纷起步。根据中国信托业协会数据披露，截至2019年末，在68家信托公司中，超过35家实质性地开展了家族信托业务，以资金信托为主，业务总规模超过1000亿元。虽然"资管新规"对大部分资管业务进行了严格要求，但根据《信托部关于加强管产管理业务过渡期内信托监管工作的通知》，公益信托、家族信托不适用"资管新规"，因此家族信托迎来新的发展机遇。我们可以看到，一些信托公司已经为此设定了家族办公室，如五矿信托于2018年组建了家族办公室，专业开展家族信托业务。

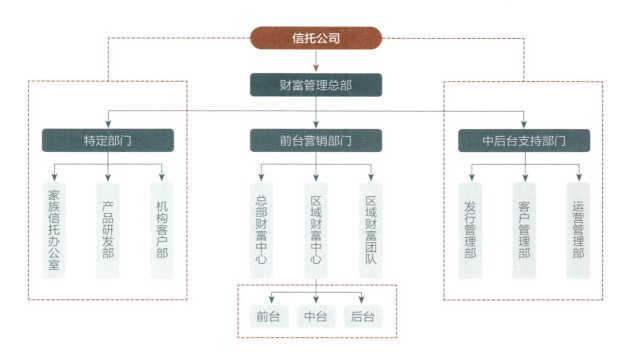

图1　财富中心组织架构

资料来源：中国信托业协会编《2019年信托业专题研究报告》，2020。

信托公司最初以销售产品为导向,而随着财富管理行业的发展以及对财富管理认识的深化,逐步转向了客户导向的业务模式。客户导向的初始阶段是资产配置阶段,此阶段注重发现客户、分析客户的行为特征,从而围绕客户需求展开资产配置。而进入综合财富管理业务阶段后,不再是简单的资产配置,而是需要围绕客户生命周期进行规划,搭建客户全生命周期的产品线和服务线,实现个性化管理。从其区别来看,产品导向的业务模式是以销售产品为核心,关注点在于提高产品的质量与销量,对于客户的关注度不够,主要盈利模式是基于产品销售的收入。而以客户为导向的业务模式则更关注对客户的开发与维护,从客户的角度出发设计产品,盈利模式更趋多样化,如资产管理费、咨询费、产品佣金等。

就目前而言,信托公司已经有了一定的风险管理体系。其一,已经形成了较为完善的风险管理组织架构,即包括风险管理委员会、风险管理部门、审计部门等在内的风险管理屏障。其二,已经形成了较为完善的风险管理制度。信托公司有银保监会、中国信托业协会等监管机构的外部指导,已基于外部监管要求构建了内部规章制度。其三,信托公司搭建了完善的风险管理流程,具体包括风险识别、风险计量、风险控制和风险监测等环节。其四,信托公司有良好的基础设施,包括人才、信息系统等。从风控流程看,有事前、事中和事后风控安排。首先,在事前信托公司财富管理中心应对信托项目的准入做风险控制。其次,在事中信托公司应加强信托产品风险等级评定,不得误导投资者,在有效评估投资者风险承受能力和投资需求的基础上,确保产品的运行过程合法合规。再次,在事后做好对客户的信息保密工作,建立权责明确的应急小组等。对比其他金融机构,信托行业的风险管理相对落后,是以信用风险为核心的风险管理模式。大多数信托公司的全面风险管理体系建设工作尚处于起步阶段,尤其是在 2018~2019 年严监管背景下,信托业务风险呈明显放大趋势。据不完全统计,2019 年信托公司在业务合规性方面至少收到了 39 张罚单,总额超过 2200 万元,相较于 2018 年增长超过 40%。根据《中国银监会办公厅关于进一步加强信托公司风险监管工作的意见》,信托公司要重视对信用风险、流动性风险、市场风险、操作风险以及交叉产品风险的防控。财富管理业务需要在全面风险管理体系下梳理相关风险点,并进行防范与控制。目前较为粗放型的信托公司风控业务仍有较大的完善空间。

信托公司的财富管理业务起步较晚,无论是顶层建设还是信息系统建设均相对落后,2019 年各家信托公司的 IT 预算平均在 1500 万元左右,头部超过 4000 万元,但中小型信托公司的投入仅为数百万元。从重视程度来看,中建投信托 2019 年 IT 调查中发现有 8 家公司未设立独立的信息技术部,占所有信托公司的 11.76%,24 家公司没有设立信息科技委员会,占所有信托公司的 35.29%。从具体展业情况来看,信托公司的业务分为前、中、后三个方面。前台方面,IT 系统主要向客户、营销人员提供各类服务,通过自主、移动展业等方式提供服务渠道支持。中台方面,IT 系统包括营销服务系统(CRM)、登记过户系统(TA),主要用于支撑公司内部运营,实现客户、产品、团队等业务内容的管理功能。后台方面,包括资金管理系统、资产估值系统、投资交易系统，主要用于产品支撑。从当前信托公司的 IT 系统建设情况来看，CRM、TA 基本都已建设，资金管理系统、资产估值系统、投资交易系统则根据具体的业务开展情况配套上线，Call Center 配套建设数量较少，数据中心则是未来信托公司要着力搭建的系统（见表3）。

表3 信托公司财富管理中后台运营管理系统

系统名称	系统功能模块		建设现状
CRM	■ 客户管理 ■ 销售过程管理 ■ 工作管理	■ 产品管理 ■ 绩效管理	基本都已建设
Call Center	■ 集中式的客户营销服务功能		少数配套建设
TA	■ 登记客户信托资产信息和份额信息 ■ 提供客户收益分配功能 ■ 提供客户信托资产账户的管理、交易、过户功能 ■ 支持开放式、结构化、封闭式等信托业务结构		基本都已建设
资金管理系统	■ 实现自动化资金拨付、自动化查账，提供多银行、跨银行的资金管理服务 ■ 实现资金监控、余额查询、电子回单、电子对账等业务 ■ 实现全方位监控、安全管控、到账提醒功能 ■ 实现内部账户资金归集、内部结算等功能		根据业务规模及运营复杂程度配套上线
资产估值系统	■ 电子数据处理 ■ 资产估值 ■ 财务管理	■ 账户处理 ■ 与保管行直联对账	根据业务类型的估值需求配套上线
投资交易系统	■ 资金管理 ■ 投资策略	■ 风险控制	根据业务类型开展及规模的增长配套上线
数据中心	■ 元数据定义 ■ 数据清洗 ■ 数据分析	■ 数据采集 ■ 数据转换 ■ 数据建模	处于建设阶段

资料来源：中国信托业协会编《2019 年信托业专题研究报告》，2020。

从业务角度来看信息科技应用,其一,业务连续性。信息科技的应用主要着眼于事前销售渠道的拓展、事中了解客户(KYC)与产品风险的匹配以及事后智能客服的应用。其二,数据中心。反洗钱依然是事前的重中之重,事中则为资金端和资产端的匹配,事后则为会员服务。其三,数据管理。主要是事前的智能客服应用,事中的销售过程规范以及事后的自动化运营管理。其四,数据应用。主要为事前的远程开户、事中客户的实名认证以及事后的绩效分析。其五,数据安全。主要为事前针对客户端的智能投顾、事中的远程双录、事后的报表统计。其六,云服务。主要为事前的智能呼叫、事中的电子合同和事后的资产监控。其七,等级保护工作。主要为事前的外部客户数据分析,事中的反洗钱指标建立及系统监控模型应用,事后的内部客户数据分析(见表4)。

表 4 信息科技在信托公司财富管理体系下的应用

应用范围	事前	事中	事后
业务连续性	销售渠道	KYC与产品风险匹配	智能客服
数据中心	反洗钱及客户尽调	资金资产匹配	会员服务
数据管理	智能客服	销售过程规范	自动化运营管理
数据应用	远程开户	实名认证	绩效分析
数据安全	智能投顾	远程双录	报表统计
云服务	智能呼叫	电子合同	资产监控
等级保护工作	外部客户数据分析	反洗钱指标建立及系统监控模型应用	内部客户数据分析

资料来源:中国信托业协会编《2019年信托业专题研究报告》,2020。

第三节 ▶ 保险公司：从机构到个人

2003 年，中国第一家保险资产管理公司中国人保资产管理有限公司成立。2004 年《保险资产管理公司管理暂行规定》颁布之后，保险资管公司迅速发展，中小险企资产管理公司、合资资产管理公司与境外资产管理公司陆续批复成立。截至 2018 年底，我国已有 27 家综合性保险资产管理公司、14 家专业保险资产管理公司、11 家香港子公司、9 家养老金管理公司。保险资管机构实行差异化发展，业务模式主要包括投资管理、投行业务、金融同业和财富管理四大板块，其中投资管理板块主要指二级市场投资，较注重投资能力和产品设计能力，包括投资研究、资产配置、固定收益投资、量化投资、权益投资等。投行业务板块主要指另类投资，帮助企业解决融资难题，撮合资金端和资产端，包括以保险资管机构名义发起设立基础设施债权投资计划、不动产投资计划、股权投资计划、资产支持计划等。金融同业板块包括协议存款通道业务，保险资管机构与银行、信托、券商等同业开展的财务顾问、资产证券化业务等。随着量化投资和资产证券化的发展，该板块有可能成为保险资管行业下一轮竞争的重要战场。财富管理板块主要针对高净值客户资产管理服务和公众理财市场，产品形式包括养老保险公司的养老保障产品、专项或定制化产品以及公募产品。整体来看，保险资管行业相对其他金融机构来说起步较晚，且服务对象以机构为主。2013 年，保监会允许保险资管公司发行一对一和一对多的资管产品，保险资管公司开始试水发行产品。截至 2019 年末，保险资管公司共 35 家，比 2018 年增加 4 家。

2020 年 3 月 18 日，银保监会发布《保险资产管理产品管理暂行办法》（以下简称"保险资管新规"），对保险资管业务进行统一规范指导。"保险资管新规"明确了保险资管产品在保持私募属性的基础上，可以面向合格个人投资者[1]发行，并明确保险资管产品可以采用直销或机构代销方式，搭建了保险资管产品对合格个人投资者的零售渠道，保险资管产品的资金来源有所拓宽，完成了"从 TO B 到 TO B+C"端的改变。此举意味着保险公司将资管产品的销售对象延伸到了高净值客户，有助于在现有业务基础上开发更多元化和差异化的产品线，将存量保险客户转化为资管产品客户。此外，允许代销可以在很大程度上弥补保险资管在渠道建设上的不足，通过多渠道联动客户资源，有助于保险资管开发新的业务。

2014 年 8 月，国务院印发《关于加快发展现代保险服务业的若干意见》，明确提出到 2020 年"保险成为政府、企业、居民风险管理和财富管理的基本手段"。根据 68 家寿险的年度报告和公开资料，寿险公司开展财富管理的组织形式共有独立法人、集团运作、异业联盟、部门中心和品牌产品等五种，其中保险集团下的银保合作模式最为成功，主要形式与典型案例见表 5。为清晰起见，我们还可把上述五种形式从两个维度进行分类，其中异业联盟属于保险和非保险合作的电商模式，其他四种均可归属于集团或公司内部的运作模式。

表 5 寿险财富管理业的组织形式和典型案例

组织形式	典型案例
独立法人	国寿财富、瑞泰人寿
集团运作	汇丰集团、平安寿险、农银人寿、交银康联
异业联盟	中英人寿、复星保德信（星盟计划）、太平人寿（太平树）
部门中心	凤凰理财中心、太平财富管理部、金玉兰财富管理计划等
品牌产品	光明财富、传家品牌（信诚人寿）等

资料来源：课题组整理。

保险公司根据保监会的《保险公司内部控制基本准则》等要求，在内部控制建设、制度执行、风险管理等方面均有所建设。以中国人寿为例，第一，在组织架构方面，建立了由董事会负最终责任、管理层直接领导，以风险管理部门为依托，相关职能部门密切配合的全面风险管理组织体系，设立了公司治理层面、总公司层面、省级分公司层面、地市级分公司层面、县级支公司层面相互联动的五级风险管控架构。依托五级风险管控架构，公司设置了以风险管理为中心的三道防线。第一道防线由各级公司、各职能部门组成。在业务前端识别、评估、应对、监控与报告风险。第二道防线由董事会风险管理与消费者权益保护委员会、公司风险管理委员会和风险管理部门组成。综合协调制定各类风险制度、标准和限额，提出应对建议。第三道防线由董事会审计委员会和公司内部审计等部门组成。对公司已经建立的风险管理流程、风险控制程序和控制活动进行监督。三道防线积极配合，统筹开展风险管理工作。公司通过建立风险管控架构，逐步形成了以各级风险管理部门为主导、相关职能部门为主体、纵向决策控制系统和横向互动协作机制为支撑、全面风险管理为中心，纵横交错的网状风险管控体系，为公司构建全面覆盖、全员参与、全流程有效的全面风险管理体系打下坚实的基础。第二，在制度体系方面，构建了以《全面风险管理规定》为总纲，保险风险、市场风险、信用风险、操作风险、战略风险、声誉风险、流动性风险、信息安全风险等八大类风险制度为抓手，以《风险偏好体系管理办法》等一系列业务实施细则为依托的"1+7+N"全面风险管理制度体系。第三，建立了完备的信息技术制度体系，实现对IT工作领域的全覆盖，并形成了统一评审、统一发布、定期检查、持续改进的闭环管控机制。探索建立效益型信息风控体系，强化风险的事前监控（见表6）。

表 6　中国人寿风险来源及风控措施

风险来源	风控措施
保险风险	敏感性分析、组织架构和制度、风险限额指标体系、产品开发和管理、核保核赔制度及实务操作规范
市场风险	关注风险核心指标、加强市场研判、优化资产配置
信用风险	组织架构、流程、制度、风险研究、应急处理水平
操作风险	策略、体系、流程、政策制度、操作风险损失事件库、操作风险关键指标库、内部控制、操作风险文化建设
战略风险	制度、组织体系、流程管理
声誉风险	制度体系、组织架构、考核与责任追究机制、流程管理、智能化水平、管理培训及演练
流动性风险	制度体系、组织架构、流程、应急演练
信息安全风险	总省两级设立信息安全职能部门、执行信息安全管理制度

资料来源：课题组整理。

　　我国保险资产管理机构的金融科技应用已经从早期的投资分析模型和信息技术系统向大数据、云计算和人工智能等新技术转变。从技术角度看，2020 年金融科技在保险资管行业的主要运用体现在以下几个方面。其一，大数据应用。大数据的特性主要体现在降低获客成本、提高决策效率以及增强风控能力三个方面。在保险资管行业，其应用主要为精准营销、量化投资和风险监控，即通过图像、语音识别以及自然语言理解等功能实现数据的收集，并通过对数据的处理实现保险机构对客户动态数据的获取，以便更了解客户需求，提供更好的服务。投资决策方面，大数据通过扩大投资数据范围，提高投资效率，减少不确定性，降低风险。风险防控方面，大数据通过收集整合信息，描绘投资对象特征，实现信用风险监控。其二，人工智能。近年来，国内大型保险资管机构对人工智能的建设主要定位为通过该项技术进行数据的处理和再利用，具体包括：通过 NLP（自然语言处理）进行非结构化数据的结构化和标签化处理（针对公告、研报、新闻甚至邮件内容等），利用 OCR（光学字符识别）对图片文件进行识别并形成文字记录，利用深度学习实现对资讯观点、趋势的分析，利用大数据进行行业 / 产业模型的搭建与监控、机构内部私有信息的提取与利用等。例如，国寿资产研发了以提升投研效率、传承投研智慧为目标的智能投研平台；平安资管研发了投资研究领域垂直搜索引擎，帮助投资经理、研究员在海量数据中找到所需信息。其三，区块链应用。针对保险资管行业存续期不透明、信息造假、风险信息不共享、数据实效性低等问题，区块链能够实时掌握关联方的身份信息与资产情况，提供透明、真实的信息，并实现全流程所有信息的上链，使监管机构能实时追踪，提高交易的信任度并带来交易量增长。

第四节 ▶ 证券公司：从经纪到财富

证券公司的财富管理业务发展经历了三个阶段，第一阶段是 2003~2009 年的财富管理萌芽阶段，主要以传统经纪业务为主。第二阶段是 2010~2014 年的财富管理初步转型阶段，此阶段确立了以财富管理为经纪业务的转型之路，部分证券公司成立了财富管理中心。第三阶段为 2015 年至今的财富管理高速发展阶段，大部分券商都实现了经纪业务部门向财富管理部门的架构调整。从架构调整进程来看，我们可以很清晰地看到券商从简单经纪业务向综合财富管理业务的转变。以广发证券为例，广发证券 2010 年在国内率先成立了财富管理中心，为满足高净值客户的个性化需求，在设立之初就将其功能和业务提升到基本的经纪、投行业务之上。2013 年广发证券在经纪业务总部下设财富管理部，此时财富管理仍然归属于经纪业务，在职能上显然归于经纪业务之下。2014 年改为零售业务总部下设财富管理部。到 2018 年则上升到了财富管理板块，主要包括零售经纪及财富管理业务、融资融券业务、回购交易业务、融资租赁及互联小贷业务。此时财富管理已经是一个大板块，涵盖的业务范围明显扩展。

通过各家券商的转型动作，我们可以看到的是券商对财富管理业务板块的重视程度不断提升，尤其是从 2018 年开始各大券商纷纷将经纪业务部改设为财富管理部，原有的一些经纪业务委员会也提升为财富管理委员会。如中信证券 2018 年将"经纪业务发展与管理委员会"更名为"财富管理委员会"，财富管理委员会下设零售客户部、财富客户部、金融产品部、投资顾问部、金融科技部、运营管理部等部门，及北京、上海、江苏、安徽、湖北、湖南、广东、深圳、东北、浙江、福建、江西、云南、陕西、四川、天津、内蒙古、山西、河北等地的分公司。国泰君安证券于 2020 年 4 月进行了比较大的架构调整，主要是以打造强大前台、专业中台、集约后台为原则，向更深内涵的财富管理转型，按照客户核心需求的差异，将原零售和企业机构两大类客户细分为财富管理、企业和机构三类客户（见表 7）。

表 7　券商财富管理架构转型情况

时　间	券　商	事　件
2012年	广发证券	2012年制定五年战略，提出"在确保稳定收入增长的基础上，实现传统通道业务向财富管理的转型"，自此集团的主要业务分为四个板块：投资银行业务、财富管理业务、交易及机构客户服务业务以及投资管理业务
2014年	招商证券	2014年成立了京、沪、深三地区财富管理中心，建立区域性财管中心团队，服务高净值客户，2018年将零售经纪总部改名为财富管理及机构业务总部
2015年	方正证券	在经纪业务管理部之外设立财富管理部，为一级部门
2015年	东方证券	设立财富管理业务总部，公司所从事的主要业务为财富管理、投资管理、证券销售及交易、投资银行等
2016年	国海证券	设立零售财富委员会，统筹零售财富板块业务规划、协同与管理，指导财富管理战略转型
2017年	华泰证券	经纪业务总部更名为经纪及财富管理部
2018年	中信证券	公司经纪业务发展与管理委员会更名为财富管理委员会，并进行相应的组织架构调整
2018年	东兴证券	将零售业务部改组为财富管理部
2019年	银河证券	经纪业务总部变更为财富管理总部，银河证券还同宜信财富签订战略合作协议，双方表示将重点在财富管理领域展开合作
2019年	兴业证券	将经纪业务总部更名为财富管理总部
2019年	中原证券	撤销经纪业务转型与发展管理委员会、经纪业务总部等7个部门，设立了财富管理委员会、经纪运营管理总部等8个部门
2019年	山西证券	董事会同意公司新设财富中心，为公司一级部门
2020年	国泰君安	将零售业务和分支机构管理委员会更名为财富管理委员会，原零售业务和分支机构管理委员会下的三个部门同时更名：原零售业务部更名为零售客户部；原财富管理部更名为私人客户部；原公司直属部门产品金融部更名为金融产品部，并调整为财富管理委员会下设部门

资料来源：课题组整理。

　　证券公司的财富管理角色过去主要依靠"交易通道"和"产品销售"，而随着"零佣金"等价格战带来的收入下滑，券商财富管理亟待从赚取普通经纪业务交易费的模式向赚取专业投顾业务管理费的模式转型。尤其是 2019 年 10 月证监会下发《关于做好公开募集证券投资基金投资顾问业务试点工作的通知》后，2020 年 3 月，中金公司、中信建投、中国银河、申万宏源、华泰证券、国泰君安和国联证券 7 家券商以及 3 家银行获得了第三批公募基金投顾业务试点资格，这也代表着券商从"卖方投顾"向"买方投顾"的正式发力。经纪业务的初始就是通道业务，营业部是券商获客的重要基础，2019 年证券公司代理买卖证券业务净收入 787.63 亿元，占营业收入的 21.85%，而 2011 年该比例则为 50.67%，我们可以发现证券公司传统通道业务的重要性逐年减弱（见图 2）。

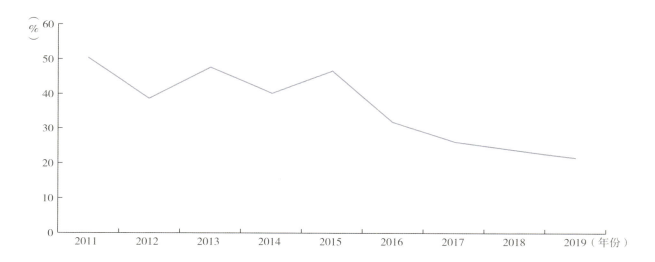

图 2 证券公司代理买卖证券业务净收入占营业收入的比重

资料来源：课题组整理。

为顺应财富管理发展方向，2019 年多家券商开始进行财富管理业务转型，将经纪业务部改为财富管理部，而营业部仍然承担证券公司获客和营销的重要渠道职能。大部分券商转型通过"线上渠道引流 + 线下网点获客"的模式为客户提供服务。在当前环境下，"代销金融产品"已然成为券商财富管理的"替代品"。2018 年证券公司代理销售金融产品收入 38.5 亿元，虽然股市整体低迷，但有大约七成的券商金融产品销售收入实现了较大幅度的增长，反映出代销金融产品在券商的地位有所上升。但当前金融产品销售收入在券商内部占比极小，从中国证券业协会每年公布的排名来看，2018 年共有 93 家券商有这一收入，其总收入为 37.6 亿元，同比增加 15.3%，仅占当年券商经纪业务总收入的 6%。

由于代销并没有从自身角度为客户创造真正的收益，本质上仍然类似于通道业务，因此投顾业务是近年来券商重点关注的一个方面。在财富管理价值链条中，投顾起到衔接客户个性化需求与内部服务之间不可或缺的桥梁作用。以国外券商为例，摩根士丹利等机构在初期从投顾入手，通过培养有竞争力的投顾团队，开发符合客户需求的产品，逐步向资产管理端深化。国内投顾业务由来已久，《证券法》、《证券、期货投资咨询管理暂行办法》（1997 年 12 月 25 日证委发〔1997〕96 号）、《证券投资顾问业务暂行规定》（中国证券监督管理委员会公告〔2010〕27 号）、《证券期货经营机构私募资产管理业务运作管理暂行规定》（2016 年 7 月 14 日证监会公告〔2016〕13 号）、《证券投资咨询机构执业规范（试行）》（中证协发〔2019〕147 号）、《证券投资顾问和证券分析师注册登记程序及要求》、《证券业从业人员资格管理办法》、《证券投资咨询机构执业规范（试行）》（中证协发〔2019〕147 号）等监管文件均对证券业务投资顾问进了规定。证券公司在 2018 年开始有较大的业务转型，如经纪业务从"研究股票服务客户"逐渐转向"产品销售和资产配置咨询服务"，考核方式里也增加了"筛选靠谱产品"。与私人银行类似的是，券商投顾也有"1+N"和"1+1+N"模式，但无论何种模式，最核心的还是投顾团队的能力。券商投顾真正意义上开始发力仍然是基于 2019 年券商基金投顾试点的推出，2020 年 4 月 21 日，国联证券顺利完成首批公募投顾客户的签约和交易，成为业内首家正式上线此类业务的券商。

近年来，证券公司的 IT 系统建设逐年增强，尤其是 2017 年开始，中国证券业协会将证券公司信息系统建设的投入情况纳入证券公司经营业绩考评，行业排名结果将供证券公司分类监管工作参考，更是表明了监管层开始鼓励券商在金融科技上发力。根据中国证券业协会数据，2012 年证券公司 IT 投入 51.88 亿元，2018 年为 104.57 亿元，增长一倍有余，2016~2018 年 IT 投入占营业收入的比重也始终维持在 3% 以上（见图 3）。

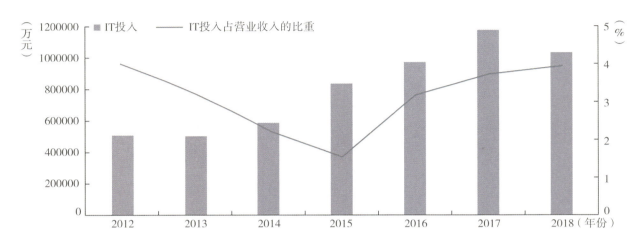

图 3 2012~2018 年证券公司 IT 投入及 IT 投入占营业收入的比重

资料来源：中国证券业协会。

第五节 ▶ 未来展望：从通道到本源

基于上述分析，总结近年来财富管理特点如下。

其一，**监管框架不断完善**。我们从历史线条来看，监管经历了"分久必合"的调整，随着金融机构及产品间通道业务的增加，金融空转现象日益严重，这对监管机构来说是个挑战，因此随着银保监会的成立，监管框架有所调整。2019 年以来，银保监会分别针对信托公司、商业银行以及保险公司制定了《信托公司资金信托管理办法（征求意见稿）》、《商业银行理财子公司净资本管理办法（试行）》以及《保险资产管理产品管理暂行办法》等，不断完善细分领域规则。

其二，**产品升级明显，理财产品投资门槛分层化**。分产品类型看，投资门槛不尽相同，证券投资基金的门槛是 1000 元甚至 10 元；银行理财则为 5 万元；私募基金等门槛更高，为 200 万元；而近年来兴起的私人银行门槛是 600 万元；银保监会于 2018 年 8 月明确家族信托的门槛为 1000 万元。总结而言，伴随经济增长和居民财富水平的提升，各类型金融产品的投资门槛也由初始的 10 元提高到 1000 万元，此为产品升级。而更为重要的一点是，家族信托等服务重于投资的理财模式开始得到重视，代表着财富管理服务升级的重要方向。

其三，金融科技与财富管理的结合不断升级。金融科技创新正引发财富管理行业商业模式的颠覆性变革。无论是商业银行自建金融科技子公司，还是证券公司、保险公司和信托公司合作开展或者采购金融科技服务，各大金融机构纷纷投入了"金融科技 + 财富管理"的变革，这也同时带来了产品和服务的升级。

其四，从产品导向到客户导向。各大金融机构财富管理业务最初均基于产品销售实现发展，如商业银行、保险公司、信托公司销售理财产品，证券公司也有代销业务和经纪业务等，但随着财富管理市场的发展，目前已经转化到了"以客户为导向"，从客户角度出发推出定制产品，如信托公司可以为客户提供定制化的家族信托等。

其五，金融机构财富管理业务各有千秋，重在自身。商业银行、证券公司、保险公司和信托公司基于自身牌照、经营状况、业务模式等方面的不同特点，在财富管理方面各有优劣势，因此未来的发展重在发掘自身优势，在此基础上合作共赢。

为此，财富管理市场的转型要加速，从"通道"向"本源"转变。在大资管环境下，商业银行、证券公司、保险公司和信托公司等各类金融机构的财富管理产品竞争更趋激烈。在此形势下，金融机构定位业务方向、形成差异化竞争优势将成为突围的关键。另外，金融科技也是未来财富管理行业的一个重要转型手段，使各类业务与金融科技业务不断融合，借助金融科技实力强化服务能力，提升智能化的科技运营和管理水平，进一步完善面向客户的服务平台，优化线上线下一体化业务体系，是未来财富管理机构从产品向服务升级的重要方式。

注释：

1. 具有两年以上投资经历，且满足以下条件之一的自然人：家庭金融净资产不低于 300 万元，家庭金融资产不低于 500 万元，或者近三年本人年均收入不低于 40 万元。

THREE

▶ 第三章　私人银行

　　我国私人银行业务始于 2007 年，私人银行客户数由 2008 年的 2.72 万增加到 2019 年末的 76.62 万，增长 27.17 倍；管理的私人银行客户资产规模由 2008 年的 2926 亿元增加到 2019 年末的 12.10 万亿元，增长了 40.35 倍。本章，我们将在简要梳理私人银行发展脉络的基础上，总结私人银行的组织架构、业务模式、服务体系和监管政策等，同时对这一行业的下一步发展进行展望。

第一节 ▶ 发展脉络：从欧美到亚太

　　有关私人银行的起源地，国际通识是 16 世纪的日内瓦。一种说法是因宗教问题而遭遇迫害的法国贵族逃往瑞士，并在瑞士为欧洲皇室贵族提供私密性很强的金融服务，从而形成了瑞士的第一代私人银行家。好莱坞影片《惊情四百年》讲述的是笃信上帝的德古拉伯爵为了信仰，告别家人参加十字军东征的悲情故事。事实上，现实比电影更为精彩，十字军东征造就了一个新的金融行业——私人银行，参加十字军东征的贵族和将军委托留守的贵族管理其个人和家庭财富，"留守一族"后来成为瑞士的第一代私人银行家，这是第二种说法。

与瑞士以私人银行家为导向的私人银行起源不同，我国的私人银行起源则是以机构设置为导向的，如 1897 年督办全国铁路事务大臣盛宣怀奏请清廷成立第一家自办银行，也是上海最早开设的华资银行，那时将这种"官督商办"的银行称为私人银行，即私人开办的银行。现代意义的私人银行始于 1996 年，中信实业银行广州分行成立私人银行部，只要客户的存款余额超过 10 万元即可享受多种财务咨询服务。随后，工商银行、建设银行、农业银行积极跟进，"理财金账户""金秘书理财""乐当家""金钥匙"等品牌相继推出，可以看出，那时的私人银行业务等同于现在的理财零售业务部门，即为私人提供理财服务，初步显现真正的私人银行之影。2003 年，"两法一规"的推出使国内信托业步入正规发展期，为规避信托公司没有销售渠道的"坡脚"现象，中融信托成立私人银行部，功能与现在信托公司争相建立的财富中心类似，目的在于建立信托系的产品营销渠道。

银行系的私人银行部始于 2005 年瑞士友邦在中国设立的私人银行代表处，为资金 100 万美元以上的客户提供私人银行服务；2007 年 3 月，中国银行与苏格兰皇家银行合作推出私人银行业务，开启国内私人银行业务服务的新纪元，为高净值客户提供金融或非金融服务。据统计，目前已有 27 家商业银行开展私人银行业务，涵盖了国有银行、股份制银行、城商行、农商行和外资银行等所有商业银行类型。[1]

第二节 ▶ 发展特点：从量变到质变

参与机构由单一到多元。如果我们以年报中客户数和资产管理规模（Asset Under Management，简称 AUM）作为私人银行业务开展情况的统计口径，会发现银行数量并未达到中国银行业协会公布的 27 家，至多有 16 家。[2] 商业银行开展私人银行业务的第二年，即 2008 年，有 5 家银行公布其客户数和 AUM，分别为 2.72 万和 2926 亿元，到 2019 年，则分别为 76.62 万和 12.10 万亿元（见图 1）。事实上，越来越多的非银行金融机构或者非金融机构相继开展私人银行业务，一如前述信托机构成立的私人银行部，又如兴业证券或华金证券等证券公司开始成立私人银行部，再如独立财富管理公司新湖财富的目标就是"做最好的私人银行"。

图 1 2008~2019 年商业银行私人银行业务的客户数与 AUM

资料来源：各商业银行年报。

组织架构从零售到事业部。国际上，一般将开展私人银行业务的机构分为三类：独立型、全能型和混合型。独立型多指瑞士的合伙制私人银行，全能型一般指商业银行的私人银行业务，而混合型则指证券公司的私人银行业务。十多年来，银行系曾尝试过的组织架构有事业部[3]、准事业部[4]和大零售模式[5]三种。私人银行业务开展之初，股份制商业银行竞相采用国际流行的事业部模式，但因客户不足等问题，后期不得不回归大零售模式或采用准事业部模式。国有控股银行多采用大零售模式。招商银行等同业则采取准事业部模式，要求网点向私人银行中心转移达标客户，交由私人银行中心进行维护，总行对私人银行条线进行虚拟的管理会计考核，垂直管理私人银行中心，较好地推动了业务发展。事实上，无论是大零售模式抑或是准事业部模式，在实际操作过程中，都或多或少地利用了准事业部的思路和想法，即转向准事业部制。未来，条件成熟后，或有部分银行系私人银行的组织架构转向事业部模式，即"大总行小分行、中总行中分行、小分行中总行"的"三层"递进组织机构。目下，工商银行、农业银行和交通银行等三家机构获得监管部门颁发的私人银行专属牌照，目前看并无特别的政策优惠或牌照优势。

业务模式由经纪到顾问。成熟私人银行的主要业务模式有经纪业务和咨询顾问业务两种，前者即产品的销售返佣模式，后者为收取年度管理咨询费用模式，类似于证监会 2019 年底推出的基金投顾业务。私人银行的业务模式与其服务模式是相容的，当前主要的服务模式有"1+1+N"和"1+N"两种。其中，"1+1+N"表示"一个客户经理、一个私人银行顾问与综合的私人银行服务团队"，不同银行在人员配置上可能略有差异。有的银行将第一个"1"升级为支行行长，或将第二个"1"的私人银行顾问替换为支行行长等。有的银行将"1+1+N"拓展为"1+1+1+N"，顺次为客户经理、支行行长、私人银行顾问以及综合的私人银行团队。"1+N"则表示私人银行顾问和综合的私人银行团队。一般而言，采用"1+1+N"服务模式的私人银行是经纪业务模式，而采用"1+N"服务模式的则多属于咨询顾问业务模式。从业务发展的角度而言，目前采用咨询顾问业务模式的发展较好。鉴于此，长远而言，应采用咨询顾问业务模式，或像日本的财富管理机构一样，采用咨询顾问下的经纪业务模式。

服务体系由金融到综合。总体而言，私人银行的服务体系分金融和非金融两个层面（见附录）。金融服务又分传统银行服务和专属的私人银行业务，传统的银行服务不外乎存、贷、汇等，专属的私人银行业务则有全权委托、家族信托、高端保险、私募基金、家族办公室乃至全球资产配置等。其中家族信托和家族办公室是当下发展较为迅猛的两项业务，主要在于承接改革开放以来的创业群体，因为他们已经进入一代二代传承的关键期。目下，相关机构相继推出家族办公室业务，门槛在 1 亿元到 5 亿元不等，除核心业务家族信托外，还有家族财富管理与传承、家族治理、家族企业持续经营及社会慈善等综合服务。

非金融服务主要有三个方面。第一，以提高生活品"质"为主的增值服务，如高尔夫、马术、机场贵宾、医疗保健、私人医生、高端旅游、全球签证和全球连线等，其中招商银行推出的"全球连线"表示"何时何地致电您的专属经理，他／她将无条件完成您的交易指令或向您提供所需服务"。第二，以提高个人"智"慧为主的增值服务，如举办沙龙或讲座；成立商学院；协助完成海外教育和提供法律、税务、心理等方面的专业咨询等，其中待开发的民营企业家心理辅导增值服务值得私人银行关注。第三，以培养"挚"友为主的增值服务，通过组建各种形式的俱乐部，打造"圈子文化"，形成定期沟通交流机制，实现线下"撮合交易"的最终目的。

当前有关私人银行业务的专属监管文件尚属空白。理财业务方面，2005 年，银监会颁布的《商业银行个人理财业务管理暂行办法（征求意见稿）》中曾提及"私人银行"[6]，但在定稿中删去这一内容，解释的理由是该项业务尚不成熟。2009 年，《银监会关于进一步规范商业银行个人理财业务投资管理有关问题的通知》中明确"对于具有相关投资经验、风险承受能力较强的高资产净值客户，商业银行可以通过私人银行服务满足其投资需求"，即可以通过私人银行业务为高净值客户提供股票投资服务。"资管新规"也并未提及与"私人银行"相关的专属监管内容。

机构设立方面，2011 年 9 月，由银行监管二部起草的《中资银行专营机构监管指引（征求意见稿）》将私人银行业务连同小企业金融、贵金属、票据、资金运营和信用卡纳入商业银行分行及专营机构类型中；2012 年 12 月的《中资商业银行专营机构监管指引》中明确"中资商业银行专营机构类型包括但不限于小企业金融服务中心、信用卡中心、票据中心、资金运营中心等"，可以看出"私人银行"再次与专营机构失之交臂，目前也只有三家机构获得专营牌照，但无实质政策优惠或专属政策。此外，即便"包括不限于"给未来的私人银行业务发展留下了想象空间，但"抬头"中明确指出"本指引所称中资商业银行包括国有商业银行、股份制商业银行，国有商业银行是指中国工商银行、中国农业银行、中国银行、中国建设银行和交通银行"，即使未来私人银行可以设立专营机构，非国有银行和非股份制银行也不包括在内。

国际金融中心建设方面，鉴于 2009 年 4 月国务院颁布的《关于推进上海加快发展现代服务业和先进制造业建设国际金融中心和国际航运中心的意见》中明确提出推动私人银行、离岸金融等业务的发展，所以 2009 年 6 月上海市人大常委会颁布的《上海推进国际金融中心建设条例》中对此再次进行强调，但 2012 年发布的《"十二五"时期上海国际金融中心建设规划》中并未提及"私人银行"。到 2020 年，上海将建成国际金融中心，其中资产管理中心是上海正在乃至未来打造的重要中心之一，我们知道资产管理与财富管理是一个有机整体，资产管理是机构的聚集，财富管理则是客户的集中，客户集中的主要抓手是商业银行的私人银行部门。

在服务理念方面，共有三类。以家业治理为第一理念，如"助您家业长青，是我们的分内事"、"您的家业，我们的事业"和"恒业行远至诚相伴"等；以交心服务为第二理念，如中国银行的"倾您所想达您所愿"和建设银行"以心相交 成其久远"；以智慧服务为第三理念，如兴业银行的"财智人生 兴业有道"和上海银行的"智慧引领财富"。

在风险控制方面，条线和总行层面的风控部门是私人业务风险的"守门人"，私人银行业务风险防控的主要责任由私人银行部的风险防控部门完成。鉴于私人银行风险控制的特殊性，理想状态下，应秉承"全面性、审慎性、有效性和独立性"的基本原则，建立"私人银行总部—私人银行中心—私人银行岗位"的"三道"风险防控之门。

在资金门槛方面，一是从门槛额度上看，如中信银行为 600 万元，工商银行为 800 万元，招商银行为 1000 万元，交通银行为 200 万美元；二是从归属上看，多数银行并不限于本行资产，但有的银行却明确提出限本行资产；三是从统计口径上看，时间跨度方面，有的是总额，有的是三个月日均不等；四是从统计范围上看，有的以存款和投资为主，有的私人银行则包含更多资产。

在渠道方面，一是私人银行专属的网页页面或私人银行客户专属的网银；二是私人银行客户专属的刊物，有纸质版或电子版；三是私人银行客户专属的客户电话，多数银行在其网页上公布各分中心的联系电话。

银行系私人银行尚未建立有效的人才激励机制，此处，我们提供瑞士宝盛银行样本，以供中资机构参考。

专栏　瑞士宝盛银行的激励机制

宝盛银行成立于 1890 年，历史悠久，其私行业务经历了从传统模式到向现代模式切换、从背靠瑞士地域优势到向全球市场拓展的过程。2017 年末的 AUM 为 3883 亿美元，位居全球第 11 位。宝盛银行将人力投资作为竞争关键，内部建立了完善的激励和考核体系，包括为高级管理层成立的 DBP（延迟奖金计划）、EPP（股权激励计划）以及为普通雇员设立的 DCP（延迟现金计划）、PSP（优先股激励计划）（见表 1）。激励计划与完整的考核 KPI 体系挂钩，管理层成员的 KPI 指标体系包括核心指标、项目指标、整体指标、个人指标四大板块。其中，核心指标主要包括盈利能力、费用管控、新增资产、人员稳定等；项目指标包括提升战略能力、加强并购整合、提升平台系统能力等；整体指标包括合规与风险管理等；个人指标包括提升专业能力等。董事会与管理层根据清晰的 KPI 体系每年进行考评以确定激励方案，公司成员由上至下目标一致，构成了宝盛银行的核心竞争力。

表 1　瑞士宝盛银行人才激励体系

项目	延迟奖金计划	股权激励计划	延迟现金计划	优先股激励计划	长期激励计划	员工持股计划
参与资格	奖金超过 125000 瑞士法郎的高级管理成员	CEO挑选的高级管理层成员	奖金超过 125000 瑞士法郎的员工	奖金超过 125000 瑞士法郎的员工	因雇主变更而失去补偿的员工	所有未参加其他公司股份计划的员工
目　　的	使员工目标与可持续发展价值的创造一致	协调公司长期表现和员工留用问题	使员工目标与可持续价值的创造相一致	协调公司长期表现和人才留用	使公司吸引力与长期目标相一致	使员工目标与股东目标一致
资金驱动	公司、业务和个人绩效				取决于公司盈利情况	主要自筹资金
持续期	5年	3年	3年	3年	3年	3年

资料来源：沈娟、郭其伟、孟蒙、蒋昭鹏：《私人银行：主流模式、核心竞争力与发展路径》，《金融纵横》2019 年第 5 期。

第三节 ▶ 未来展望：从亚太到中国

　　国内银行系私人银行需要在总结过往的基础上展望未来，如建立私人银行专属的法规框架以及探索私人银行特色的组织架构、业务模式、盈利模式、服务体系、风控体系乃至人力资源系统等。事实上，纵览不同地区的私人银行发展经验，私人银行专属的监管框架是顶层设计，因为不同地区的法律制度可能有所不同，但专属的监管框架则可以为该业务保驾护航。[7] 同时，鉴于私人银行客户的特异性，私人银行的风控体系应优于传统银行业务的风控体系，重点则是 KYC（Know Your Customer）。另外，金融业进一步扩大对外开放，在财富管理业方面表现尤为突出，国务院金融稳定委员会推出的 11 条对外开放措施中有 2 条与财富管理业直接相关，如允许外资参与设立投资银行理财子公司，以及允许境外资产管理机构与中资银行或保险公司的子公司合资设立由外方控股的理财公司等。证监会将取消证券公司、基金公司外资持股比例限制的时点提前到 2020 年，继"沪伦通"后又推出"中日 ETF 互通"，银保监会批复外资养老保险公司等。未来，如何在开放的环境中提高私人银行的资产管理能力，即建立有资产管理能力的财富管理机构，值得同业深思。最后，要建立以"人才"为中心的激励约束机制。我们经常说，业务模式要从以产品为中心转向以客户为中心。同样，在组织架构上，我们也应从以机构为中心转为以人才为中心，即突出私人银行家的地位并予以相应的激励机制。如果说私人银行业务缘于 2007~2008 年金融危机下香港高净值客户回归的话，那么，私人银行或将发展成熟于新冠肺炎疫情下全球高净值客户的回归，即全球私人银行业务已由欧美转向亚太，而中国显然是亚太地区的核心，国内私人银行部门应做好应对下一步发展的预案。

附录　银行系私人银行的基本信息

机构名称	成立时间	资金门槛	服务模式	服务理念/定位	金融服务体系	非金融服务体系
北京银行	2012年3月	可投资资产600万元	1+1+N	您的家业，我们的事业	从私人到法人无边界服务、无障碍运行	候机登机服务、健康及中医养生服务、私人医生服务、专属马术服务、商务用车服务、品质活动参与
工商银行	2008年3月	800万元金融资产		君子偕伙伴同行	资产管理、另类投资、全权委托、顾问咨询、财务管理、跨境金融、财富传承和增值服务	安享健康、私享财智、智享传承、畅享旅程、艺亨大乘、臻享生活
光大银行	2011年12月	600万元		企业与家族的伙伴	现金管理工具、境内外投融资解决方案、家族信托、高端保险等，其中家族办公室的门槛是1亿元	健康医疗、集贤汇、便捷出行、法律咨询、税务咨询、代际教育
建设银行	2008年7月			以心相交成其久远	私人财富管理、综合金融和专享增值服务，其中家族办公室的门槛是5亿元	便捷出境、子女教育、健康关爱、全球礼遇、机场服务、养老服务
交通银行	2008年3月	200万美元		财富创造、财富增长、财富利用、财富保障、财富传承、财富精神	现金管理、固定收益、资本市场、股权投资、海外投资、另类投资、融资服务、专户服务、家族信托	
民生银行	2008年7月	800万元金融资产		承载每一份信任之托	投资操作服务、投资顾问服务和全权委托投资服务	商旅通、旅行家、爱体育、奢生活、艺术馆、商学院、健康管家
农业银行	2010年9月		1+1+N	恒业行远至诚相伴	投资服务、融资服务、顾问服务	出行管家、健康管家、休闲管家、品鉴管家、社交管家

续表

机构 名称	成立 时间	资金 门槛	服务 模式	服务理念/ 定位	金融 服务体系	非金融 服务体系
平安银行	2013年		1+N	因为懂得 所以陪伴	固定收益、标准化固收、私募证券、私募股权、海外投资，其中家族办公室的门槛是1亿元	平安出行、健康账户、高球精英汇、传承学院、私享生活、公益
浦发银行	2011年 12月	500万元		传承的不只是 财富/价值永续	银行理财、定制产品、融资服务、家族信托、顾问咨询和投资资讯等	基于运通信用卡，提供私人理财专家、私人旅行顾问、私人生活管家、私人家庭定制等方面的非金融服务
上海银行	2012年 4月	日均100 万元	1+1+N	智慧引领财富	现金管理类、固定收益类、权益类和定制类、财务规划、资产管理、顾问咨询与私人增值	
兴业银行	2011年 4月			财智人生 兴业有道	主动管理型代客理财产品、私人银行客户专属定制产品、代理类产品、委托投资等产品以及家族信托和全权委托业务等	健康管理、子女教育、出国金融、养老金融
招商银行	2007年 8月	1000万元	1+N	助您家业长青，是我们的分内事	现金管理/货币市场类产品、固定收益类产品、权益类产品、另类投资产品及钻石投资产品	品质生活、健康医疗、旅游商务、子女教育、社交平台等
中国银行	2007年 3月	800万元	1+1+1	倾您所想 达您所愿	风险管理、资产配置、个性化融资、投资咨询、税务及法律咨询、子女教育及留学移民规划、信托等	出行礼遇、医疗健康、运动休闲、品质生活、子女成才、金融便利
中信银行	2007年 8月			用信念守护传承的温度	家族信托、全权委托、全球资产配置、个人贷款、公司金融服务、钻石卡、信用卡	钻石管家、投资者俱乐部、健康养生俱乐部、未来领袖俱乐部、悦动人生俱乐部、旅行家俱乐部

续表

机构 名称	成立 时间	资金 门槛	服务 模式	服务理念/ 定位	金融 服务体系	非金融 服务体系
青岛银行	2011年 3月	200万元	1+1+N	融智以专 诚携恒远	金融顾问服务、产品/ 投资管理、传统银行 服务	移民留学服务、法律/ 税务顾问服务、公司管 理顾问、艺术品顾问、 机场贵宾、私人游艇、 健康管理、私董会等
江苏银行	2015年		1+1+N	圆融智慧、传 承有道	投资服务、融资服务、 顾问服务	名医堂、书香荟、大财 富、品天下、尚品轩、 看世界

资料来源：各商业银行年报。

注释：

1. 中国银行业协会、清华五道口金融学院：《中国私人银行业发展报告（2019）》，2019年11月。
2. 分别是交通银行、北京银行、民生银行、招商银行、上海银行、浦发银行、工商银行、平安银行、中信银行、兴业银行、建设银行、农业银行、中国银行、光大银行、青岛银行和江苏银行等。
3. 私人银行部实行独立运营、单独核算和垂直管理，总行私人银行部直接管理各地私人银行部、私人银行中心和财富管理中心，对条线享有绩效考核权、收益分配权、费用调拨权、人事调配权。
4. 融合事业部模式和大零售模式，网点向私人银行中心转移达标客户，交由私人银行中心进行维护。总行对私人银行条线进行虚拟的管理会计核算，垂直管理私人银行中心。
5. 总行设立私人银行部，各地的私人银行部、私人银行中心和财富管理中心隶属于分行，由分行统一调度人、财、物、考核等业务资源。
6. 具体定义为商业银行与特定客户在充分沟通协商的基础上，签订有关投资和资产管理的合同，客户全权委托商业银行按照合同约定的投资计划、投资范围和投资方式，代理客户进行有关投资和资产管理操作的综合委托投资服务。
7. 薛瑞峰、殷剑峰：《私人银行——机构、市场与监管》，社会科学文献出版社，2015。

▶ 第四章　信托公司

　　尽管信托制度源于英国，信托公司源于美国，但是信托文化尤其是信义文化与中华传统文化却是一脉相通。本章我们将纵向阐述国内信托业发展的文化脉络、业务脉络以及近年新兴的家族信托业务。具体而言，首先梳理从远古到清末的信托文化发展，如"三纲五常"中"父为子纲"、晋商东掌制度、白帝城托孤以及义庄中蕴含的信托关系；进而梳理从民国初期到新中国成立初期信托业务的监管体系、组织架构、业务模式、服务体系和特色创新等，以期总结具有中国特色文化内涵的信托业务模式。家族信托业务是信托的本源业务，国内家族信托业务始于 2012 年，至今基本实现从 0 到 1 的发展，未来大有希望实现从 1 到 N 乃至无穷大的飞跃，甚至这种飞跃有可能在中短期实现。针对正在快速发展的信托业务、即将快速发展的家族信托业务，本章最后从政府监管和机构发展等多视角提出了改进建议。

第一节 ▶ 信托文化：从远古到清末

　　信托制度源于英国，信托公司源于美国，而信托文化则来自中华民族。曾子曰"为人谋而不忠乎"，孟子曰"有托其妻子于其友而楚游者"，皆个人信托之事也[1]。"三纲五常"中"父为子纲"衍生的"长兄为父"也是一种委托代理关系，说的是父亲过世后，长兄将承担父亲的责任，帮助或教育弟弟妹妹，其中的意思就是"父亲为委托人，长兄为受托人，弟弟妹妹为受益人"，受托资产则是家庭的物质资产或精神资产，如财产的分配使用或家族精神的延续等。

　　晋商的东掌制、财身股及号规等与信托制度、收益分配以及信托合约等存在异曲同工之妙（见表1）。东掌制中的掌柜类似于信托的受托人，代替委托人经营家族财产；东家类似于信托的委托人，不参与家族财产的管理，但可以任命受托人。财身股类似于受益人的受益权和受托人的收费方式，受益人通过受益权获得家族财产经营管理的红利，相当于持有财股；受托人收取管理费，相当于持有身股。晋商的号规，与信托合约类似，受托人和委托人签订合约后，受托人应按照合约规定对家族财产进行管理、对管理收益进行分配。

表1 晋商模式与信托模式的对比分析

晋商模式	信托模式	对比分析
东掌制	信托制度	东家同委托人，掌柜同受托人，掌柜管理的企业相当于信托财产
财身股	财　　股	财股同委托人或受益人的受益权
	身　　股	身股同受托人的管理费
号　规	信托合约	号规同信托合约，约定财产管理和收益分配细则等

资料来源：《山西省私人财富白皮书2018》。

51

　　家族信托的基础资产是家庭财产，而家庭财产的本源是私有化的财产制度演变和家庭演化，如血亲家庭、普纳路亚家庭、对偶家庭和一夫一妻制家庭等。信托制度和财产信托业务肇始于英国，发展成熟于美国。不同的政治环境、社会文化孕育出不同的信托文化，显现出不同的信托事业模式和发展路径，如英国的王室文化、美国的个人主义以及中国的儒家文化等。事实上，中国的"信托文化"在春秋战国以来即体现在信义之道的精神之中。这一文化与精神延绵至今，典型案例如四川仁寿县宋氏家族自南宋年间即为抗金名将虞允文守墓千年，家族十四代人做到了"宋氏不绝、守墓不止"。在中国古代传统中，托孤遗嘱——以指定监护人和委托管理家产为内容，承担了维护家产和延续家庭的功能，最符合家族信托的要义。三国时期，刘备的"白帝城托孤"，其中，委托人是刘备，受托人是诸葛亮，受益人是刘禅，信托财产为家族产业——蜀国政权。此外，刘备委任另外一位托孤大臣——尚书令李严，充当了信托保护人的角色，架构参见图1。

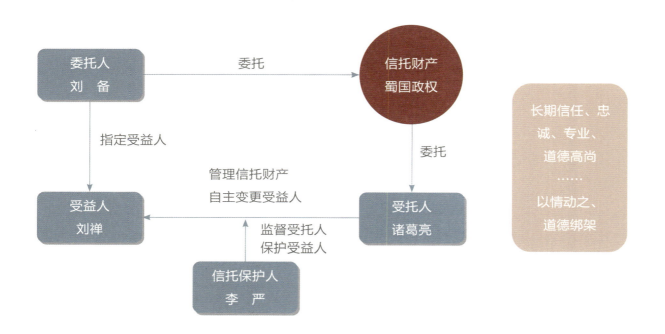

图 1 刘备的"白帝城托孤"信托架构

资料来源：国家金融与发展实验室财富管理研究中心。

　　事实上，清末民初时期的典型家族财富管理如盛宣怀家族的愚斋义庄机制和李经方家族的五代传承架构等都隐现家族信托的理念[2]。事实上，从某种意义上而言，始自范仲淹家族的义庄理念又具备时下国际盛行的 PTC（私人信托公司，Private Trust Company）理念。以华氏义庄[3]和 PTC 的对比来看（见表 2），二者的委托人、受托人和受益人之间均存在诸多相同之处，其中特别重要的是义庄和 PTC 均把控制权留在家族范围内，如义庄的管理人必须是义庄创办人的嫡系子孙，而负责管理的 PTC 的董事会成员则可以是家族成员或家族的咨询顾问人员，其中家族的咨询顾问人员显然是在家族的"可控范围之内"。最后，担任董事的族人，是在为宗族事业服务，有的义庄会给予董事一些补贴，有的则没有补贴，其中没有补贴的董事模式类似于 PTC 的无偿信托业务内涵。

表 2　义庄与 PTC 的三要素对比分析

三要素	义庄	PTC
委托人	义庄创办人	家族企业的创始人
受托人	义庄的管理人即董事必须是义庄创办人的嫡系子孙	PTC的董事会成员可以是家族成员或家族的咨询顾问人员
受益人	本之子孙	家族成员等

资料来源：课题组整理。

　　2020 年 6 月 17 日，中国信托业协会颁布《信托公司信托文化建设指引》，旨在引导信托公司恪守"受人之托、忠人之事"的经营宗旨、价值观念和道德行为准则，构筑具有中国特色的信托业文化并予以继续发扬光大。

第二节 ▶ **信托雏形：从民国到新中国成立**

民国至新中国成立的中国信托业以上海信托业为主，经历萌芽阶段（1913 年至 1921 年 2 月）、兴起阶段（1921 年 3 月至 1926 年）、发展阶段（1927 年至 1949 年 5 月）等，其中发展阶段又可分为初期（1927 年至 1937 年 7 月）、战时（1937 年 8 月至 1945 年 9 月）和战后（1945 年 9 月至 1949 年 5 月）三个阶段。监管政策层面，只是在汪伪政府时期颁布过《信托公司暂行条例》，其他时段均是参照公司法或银行法监管信托公司，信托公司可兼营银行业务，银行也可兼营信托公司业务，但对信托公司的监管比对银行的监管宽松，所以信托公司的业务范围比银行的业务范围宽得多，甚至可以买卖珠宝文物等。行业协会层面，期初是非正式的"叙餐会"，后期则形成正式的同业公会，主要功能定位为承上启下和专业研究等，同时新亚信托公司与银行学会成立第一个专业的信托培训机构。参与机构层面，以信托公司和银行的信托部为主，官营信托公司和外资信托公司为辅，机构数量与市场中的资金宽裕度正相关。服务体系方面，以银行业务为主，只有正中实业和诚孚公司两家算是经营"真正"的信托业务，它们的特色分别是商务管理信托和公司版的 PTC 等。

一　监管框架：银行还是信托？

1913 年至 1949 年 5 月，只是汪伪政府时期颁布了《信托公司暂行条例》，对银行经营信托业务或信托公司经营银行业务的资本金要求做了明确规定，即通过资本金的额度大小来控制机构的业务类型。北洋政府时期及其之前，信托公司按公司法监管，可申请经营银行业务，这表明信托公司的经营范围包含银行业务又不限于银行业务，同时，商业银行也可经营信托业务，但对商业银行的监管较严。简言之，作为一种"非正式"的组织，信托公司的经营范围极其广泛，甚至包含古玩文物的购买等。

下面，我们以时间为轴线，简述北洋政府和汪伪政府时期与信托机构和信托业务相关的监管政策。1927 年以前的北洋政府，"关于信托公司之种种法规，俱未完备耶，即银行法规亦未尝全备。若夫银行与信托公司在法律上之界限，更无从考求之矣。"在北洋政府针对银行的同行则例中，对于银行是否可以兼营信托业务，"尚无明白之规定"。1921 年 7 月，作为全国最高监管机构的农商部，在批复李光迪等申请开办中国信托公司时说："查信托法规，本部现正拟筹订，该商等拟办中国信托公司呈请立案一节，应待该项法案颁布后，再行依法呈候核办，合行批示执照。"8 月 23 日，北京传出消息，信托公司条例暂缓公布，理由是："信托公司呈部注册者，日有数起，农商部因举国反对交易所，拟将信托条，暂缓公布，呈请者概不批示"。由于没有专门的信托公司法，对于信托公司的经营范围，没有任何法律限制。当时，信托公司只需按照公司律进行注册，即可"悬三只信托之招，可兼营数种银行之事务"，同时也可以从事其他事务。上海商业储蓄银行1921年经财政部、农商部批文修正后的章程中，将"信托业务"列入其经营范围，可见北洋政府对银行兼营信托业务是认可的。1924年，中央和通易信托公司相继在农商部注册，领取牌照，由于设有银行部，又在财政部立案注册，领取银行牌照。1931年3月28日公布的《银行法》第29条规定："银行非经财政部之核准不得经营洗脱业务。本法实行前兼营信托业务之银行，非经财政部之核准不得继续其业务"。该银行法虽没有实施，但为银行开展信托业务提供了暗示：只要经过财政部核准，银行即可经营信托业务。这表明，北洋政府是以商业银行的待遇对待信托公司的，但对信托公司的限制又比商业银行宽松，因此，这也为信托公司经营商业银行业务找到了法律基础。

1943年3月13日，汪伪政府颁布实施《信托公司暂行条例》，第三条规定"银行收足资本在100万元以上者得兼营信托业务"、"股份有限公司、联合公司、股份两合公司组织之信托公司其资本至少须达50万元"。6月24日，修改后的第三条规定："银行收足资本在500万元以上者，得兼营信托业务。"第五条规定："股份有限公司、两合公司、股份两合公司组织之信托公司其资本至少须达600万元。"第六条规定："兼营信托业务之银行，其信托资金，至少须拨足200万元。"1943年下半年相继修正的《银行注册章程》《储蓄银行法》又规定，股份有限公司组织的普通银行如果兼营信托和储蓄业务，必须收足资本700万元，其中300万元为银行部的资本，400万元为信托储蓄部分资本。而"股份有限公司组织之信托公司，本身资本总额至少为600万元，实收至少300万元，兼营银行储蓄者，至少另添实收资本400万元，与银行应收之资本数额相同云"。如此一来，银行与信托公司如果想兼营业务，都必须缴足700万元。

1944年10月，汪伪政府公布施行《强化上海特别市金融机关业务纲要》，根据第三条的规定，信托公司每日平均存款数额至少为2000万元，兼营银行业务的，其兼营部分的存款数额，应加1000万元，共为3000万元。至于银行只兼营信托业务的，应共有4000万元的存款。钱庄只兼营信托业务的，应共有2300万元的存款。如未能在限期之内，符合上述存款数额标准者，则应增资或合并。根据该纲要第四条的规定，增资后的最低资本额，信托公司为实收1000万元，兼营银行业务，其兼营部分资本数额，应加500万元，共为1500万元。银行只兼营信托业务的，其实收资本应共有2000万元。钱庄只兼营信托业务的，其实收资本应共有1300万元。期限为1945年3月下旬，否则加以取缔或停止营业。

1947年4月17日，财政部颁布的《管理银行办法》规定："银行除在本办法公布前已经财政部核准领有营业执照者外，一律不得设立。但县银行不在此限。"由于信托公司在申请牌照时，一直视同银行，上述法规同样适用于信托公司，这表明该法规等于宣告禁止新设信托公司和银行信托部。1947

年9月1日颁布实施的新《银行法》第八条规定："凡以信托方法收受运用或经理款项及财产者，为信托公司。在本法公布施行前已经核准营业登记之信托公司，其兼营商业或储蓄银行业务者，其兼营部分应依第三章或第五章规定办理。"这意味着，已经设立的信托公司仍然可以继续兼营银行储蓄业务，但今后新设的信托公司却只能经营信托业务。新《银行法》第28条规定："商业银行、实业银行得附设储蓄部即信托部。"相比之下，新设的银行可以继续实施混业经营，而信托公司却只能分业经营。《管理银行办法》规定："银行不得直接经营工商事业，并不得囤积货物或设置代理部、贸易部等机构，或以信托部名义代客买卖货物，或为其他投资买卖之行为。"由于《信托公司暂行条例》同时适用于信托公司和银行信托部，除了对信托公司和银行信托部的资本额稍有限制，在业务范围方面并无实质性限制。信托公司可以同时经营信托、代理与兼营部分银行业务，范围仍然极其广泛。《信托公司暂行条例》第12条明文规定，经财政部核准后，信托公司可以兼营买卖有价证券及不动产。当时上海一地信托公司核准的章程，几乎全部列有这两项业务，属于合法经营。可以说，只要打着信托公司的旗号，能够经营的业务范围极大。

二 行业自律：从非正式的"叙餐会"到正式的同业公会

行业自律组织由期初非正式的"上海信托业同人叙餐会"（简称"叙餐会"）到正式的信托商业同业公会，功能定位不外乎承上启下和同业沟通，同时兼顾行业法律法规的研究和初拟等，中间还创议组织中国股票推进会。同时，新亚信托公司与银行学会合作成立新亚信托人员训练所，这是第一个信托业的培训机构。

1932年1月1日，一个非正式的同业组织"叙餐会"成立，会员以公司为单位，每家摊派代表参加，每月举行叙餐一次，第一批成员是11家信托公司和银行信托部。根据"叙餐会"章程第二条规定，该会的主要内容包括：第一，发行定期及不定期刊物；第二，举办公开演讲即刊登联合广告；第三，研究信托法理；第四，讨论实务兴革事项；第五，办理其他信托业有关事项。"叙餐会"之下又相继成立了三个委员会，1933年11月成立的信托法规研究委员会，在1935年拟就信托法和信托公司法两稿，1936年3月交由国民政府参考；1934年12月成立宣传委员会，并在1936年创办《信托季刊》；1935年7月成立信托实务研究委员会，一方面研究信托业务方面各种规则，使臻完善，以供工业参考；另一方面解答各会员关于业务方面的各种问题咨询。

到1945年，"叙餐会"有63家会员单位，每月一次的叙餐座谈从未间断，颇有成效。由于"叙餐会"不是一个正式的商业团体，只是属于联欢会和研究机构的性质，无法以同业组织的名义与政府以及相关机构进行交涉，"对于业务之不变，自无待言"。鉴于此，1946 年 3 月，筹备设立信托商业同业公会，于 1947 年 5 月 15 日召开首届成立大会，选举成立理事会，主要功能定位如下：第一，为会员代向相关机构接洽推进业务；第二，减轻会员负担；第三，向政府部门提供决策咨询建议；第四，改进同业业务，注重与银钱两公会密切合作；第五，承转财政部，中央银行，上海市政府财政局、社会局、市商会等文件；第六，注重业规建设，如营业种类、手续费和保管费等的制定。

其间，1940 年 7 月 "叙餐会" 部分成员，以 "会员接受客户委托买卖中国股票者多" 为由，创议组织中国股票推进会。同年 12 月 16 日，该推进会成立，明确提出 "以推进中国股票之流通，便利投资，提倡实业为宗旨"。中国股票推进会本着自由参加的原则，初始会员有 11 家，其中 8 家是信托公司。推进会的主要事务有：为会员介绍买卖经正式注册的华资股份有限公司股票，调查各公司内容、登记、报告买卖价格及数量，并办理其他相关事项。由参会会员各家另派交易员办理，规定除星期日及规定假日外，每天下午 2 点到 3 点交易员集会一次，办理交易。

1943 年 4 月 1 日，新亚信托公司与银行学会合作，并由新亚信托公司主办成立新亚信托人员训练所，"以研究信托学术，讨论信托实务，并灌输各种金融学识及技能，以期造就人才，发展信托银行业务为宗旨"。聘请了李权时、王雨桐、朱斯煌等一批有丰富金融从业经营或研究教学经营人士担任教授，首期开学时，共有 97 名学员。1943 年 7 月 31 日刊行的《银行周报》上开辟了专栏，刊登该所学员在学习中对信托业发展的一些建议和感想，取得了较好的社会效应。

三　参与机构：银行信托部或储信部主导

如前所述，信托公司可以申请开展信托业务，商业银行可兼营信托业务，即信托业务的参与机构为信托公司和商业银行的信托部，除此之外，还有官营信托机构和外资信托机构，其中兴业信托等官营信托机构即当下的政策性金融机构。1911 年，为控制中国东北地区的黄豆交易，日本在大连的关东督府设立了大连取引所，作为统一的黄豆交易场。1913 年成立最早的专业信托机构——大连取引所信托株式会社。1915 年，上海商业储蓄银行指定的章程草案，写明要成立信托部，经营以下业务："代各公共机关存放基金时间，代课经理产业、代课清理账目事件、其他信托应办之事指担保等事。"但该草案未呈报财政部、农商部立案。1917 年，该行成立保管部，先后设置了 140 多个木质保管箱和 200 多个钢质保管箱，除自用外，大部分用来出租给客户保管财物。1918~1919 年，浙江兴业银行和聚兴城银行上海分行也开始经办保管等信托业务，交通银行也开始办理信托业务。1921 年 5~7 月，上海地区相继成立 12 家信托公司，作为交易所的 "钱袋子"[4]，随着 11 月交易所股票价格暴跌，信托公司随即卷入 "信交风潮"，纷纷停业或改组，到 1922 年春天，12 家信托公司中仅有中央和通易两家信托公司。1922 年至 1926 年，在"信交风潮"之后整整五年内，上海一地新增的信托机构只有 1 家：1922 年设立的中孚银行上海分行信托部。总体而言，1927 年至 1937 年 8 月是信托业务发展的最好阶段，参与机构数量最高为 104 家，其中 79 家为银行信托部或储信部（见图 2）。事实上，除受"信交风潮"影响的几年外，其他时间的信托业务发展均与当时的市场流动性密切相关，流动性充裕时，信托的参与机构就多，反之则少。

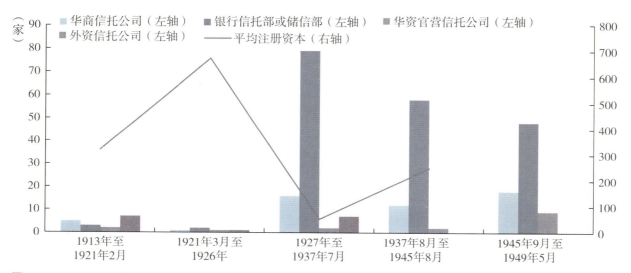

图 2 1913~1949 年不同阶段的信托参与机构情况

注：1913 年至 1921 年 2 月的注册资本单位为万日元，其他时段的注册资本单位为万元。
资料来源：何旭艳：《上海信托业研究（1921-1949 年）》，博士学位论文，复旦大学，2006。

四 服务体系：银行业务主导

鉴于在汪伪政府之前，并未有真正的信托监管条例，只是按公司法和银行法对其做相关监管，同时对信托公司的监管又弱于对银行的监管，所以信托公司的经营范围非常广泛，包含实业、信托、银行、保险、证券、保管等。具体而言，一是实业，如进出口、仓栈、蛋品冷藏库、制冰、蛋品冷冻加工出口、运输、保险代理、报关等；二是信托，如农产信托、货币信托、金融信托、不动产、受托、企业援助和破产清理整顿等；三是银行，如存贷款、汇兑和公积金经营等；四是保险，如水火保险和人寿保险等；五是证券，如证券买卖等；六是保管，如理财、遗产管理和财产托管等。银行信托部的传统业务是保管箱业务，其次是各种代理业务，而与真正意义上的信托业务还有相当距离。1913年设立的大连取引所信托株式会社的事务包括强制保证、保证买卖契约的履行和办理清算等。1915年，上海商业储蓄银行信托部经营的业务内容为"代各公共机关存放基金时间，代课经理产业、代课清理账目事件、其他信托应办之事指担保等事"。银行拓展信托业务的动机不外乎两个方面，一是固化保管贵重物品、经理长期存款、代收款项、仓库等项信托业务；二是借道信托部经营房地产业务以规避法律约束，因为1931年的银行法中明令禁止银行"除关于营业上之必需不动产外，不得买入或承受不动产"。

事实上，从信托公司的收入结构也可看出其服务体系以银行业务为主，真正的信托业务为辅。以1936年部分信托公司的银行业务收入占比为例，8家机构中有6家机构银行业务收入占其总收入的比重超过50%，其中国安和通汇两家信托公司银行业务收入占比几乎达到100%，上海和中级两家信托公司的占比也达到84%（见图3）。此外，银行信托部或储信部的信托收入占比也不高，如以大陆银行为例，1935年信托业务收入占比最高，也仅为38%，其他年份的信托业务收入占比不足10%或略高于10%不等（见图4）。最后，"真正"的信托公司诚孚信托公司的收入结构也印证其"真正"做信托业务，管理费和酬劳金等信托业务收入占总收入的80%以上，1942年改名为"诚孚股份有限公司"后，投资业务收入的比重有所上升（见图5）。

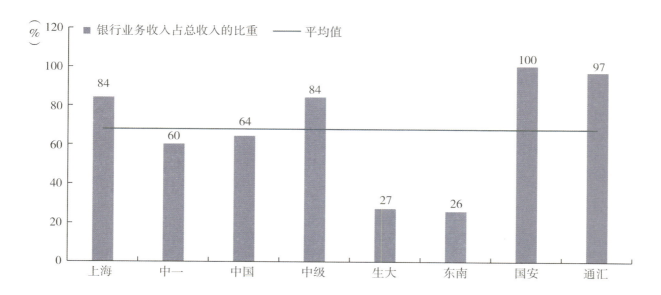

图3 1936年部分信托公司的银行业务收入占比

资料来源：何旭艳：《上海信托业研究（1921-1949年）》，博士学位论文，复旦大学，2006。

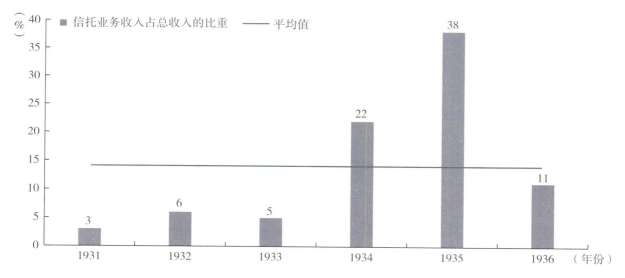

图4 1931~1936年大陆银行的信托业务收入占比

资料来源：何旭艳：《上海信托业研究（1921-1949年）》，博士学位论文，复旦大学，2006。

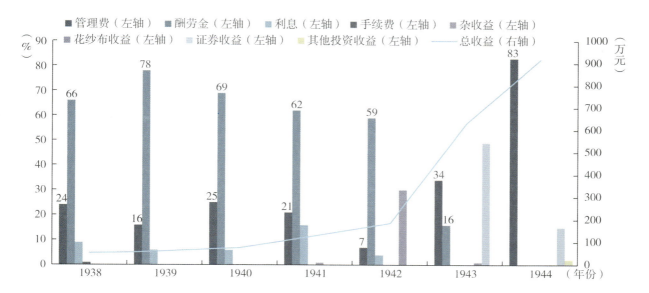

图 5　1938~1944 年诚孚公司的收入结构

资料来源：何旭艳：《上海信托业研究（1921-1949 年）》，博士学位论文，复旦大学，2006。

五　特色创新：公司版的 PTC

1921 年至 1945 年，真正开展信托业务的信托公司有正中实业和诚孚两家。鉴于此，以两家机构的代表性业务为例说明这期间信托公司的业务创新和特色，分别是正中实业的商务管理信托和诚孚公司的"公司版 PTC"。

正中实业设立的目的"在于经营管理实业，尤着重于工厂之管理"。其营业内容包括：第一，承受新图财产，用本公司名义，依设定人订明条款，为其本人或收益处理；第二，承任委任事务，用委托人名义，依授权范围，处理其财产；第三，办理其他依法令许可之信托业务；第四，投资于稳妥易于流通之政府公债或其他依法令许可发行之有价证券或有优先偿债权之暂时垫款。正中实业的创新案例或典型案例是与光明染织厂签订的商务管理信托合同书（见专栏 1），受托财产是光明染织厂的资本金及其利息，以及代付地租和职工薪金的权利，管理费用为利息的 10%。

61

专栏1 正中实业信托公司与光明染织厂签订的商务管理信托合同书

◆ **委托人：** 光明染织厂代表钱保稚

◆ **受托人：** 正中实业信托公司

兹委托人因暂停营业，由股东会议决将资本国币15万元委托受托人代为保管，并附带委托管理所保管资本金产生之利息，代付委托人前有南市工厂租地之租金及职工特薪之项部分，订明条件如后：

- **委托管理标的物：** 光明染织厂资本国币15万元
- **期　　限：** 不定期限
- **撤销委托：** 一个月前书面通知
- **权　　限：** 保管资金利息收益代付租金及特工特薪
- **附带管理权限：** 支付部分无权增减
- **账　　单：** 每届年终抄存备阅
- **管理费用：** 按利益收益扣取一成
- **交割费用：** 书面交换
- **本合同附件：** 南市工厂地租档案一件，职工特薪表一件

中华民国三十一年一月十八日

立委托管理合同

委托人： 光明染织厂钱保稚

受托人： 正中实业信托股份有限公司代表张锡麟

资料来源：何旭艳：《上海信托业研究（1921—1949年）》，博士学位论文，复旦大学，2006，第124~125页。

1925 年，留英归国的林裴成律师在天津创办诚孚信托股份有限公司，模仿英国信托公司，以提供理财服务为主要业务，规模很小。1935 年，金城、中南两家银行收购并改组诚孚公司，资本金额 10 万元由"两行"平均分担，业务范围为"以承受动产不动产依委托人适法之指示为其本人或受益人处理之、仍用委托人名义以受托之地位依前款方式处理其财产"，同时规定"前项本公司委托之财产均分别处理，不与本公司或他人之资产混合，其损益亦属之委托人，除由本公司付忠实管理责任，取得额定报酬外，概不收受其他利益"，并规定该公司除经营"前述限定值严格信托业务外，概不营与银行经纪人或承揽人同种类之业务"。这表明诚孚的业务绝不会与银行业务雷同，是一家专做受托业务的资产管理公司。1937 年、1940 年和 1941 年三次增资后至 1000 万元，并将总部迁至上海。1946 年，"两行"继续扩大投资规模，诚孚资本总额增加到 4 亿元。

1935 年，"两行"并购后，开始以接受委托的形式经营纱厂[5]，即开启资本运作之路。银行以诚孚信托公司这种组织形式实行并购，与当时官方"棉业信托公司"[6]计划有直接关系。可以说，诚孚公司是政府"棉业信托公司"的直接翻版，与现在的国有吉荣资产管理极为相似，诚孚公司可以说是民营资产管理公司的一个难得的典型案例。

在企业重组的过程中，诚孚公司实际上既不购买纱厂资产，也不收购纱厂的股权，但由于银行收购的企业股权，都委托诚孚公司经营，而诚孚公司自身也同属"两行"投资，所以这种托管实际上造成诚孚公司对各企业的集中控制。与此同时，诚孚设立总公司，并在上海、天津两地设立了分公司，诚孚与管理各厂之间形成企业集团，诚孚为集团的母公司，其他各厂是子公司。再者，诚孚公司聘请大量纺织技术专家，设立由高级专家、董事等组成的运营机构"纺织部设计委员会"，针对"设立分公司"、"接受工厂"和"举办新事业"等事项进行技术评估。

简言之，诚孚公司是"两行"并购的子公司，"两行"并购的企业委托诚孚公司经营管理，同时诚孚公司还聘请专业团队管理"两行"并购的企业。从这个意义上而言，与其说诚孚公司是民营版的资产管理公司，倒不如说诚孚公司是机构版的 PTC，即"两行"的 PTC。事实上的确如此，因为诚孚公司是受托人，"两行"是委托人，"两行"及各纱厂为受益人。同时，三者之间的权责管理见表 3。

表 3 诚孚公司与管理各厂权责对照

委托项目	委托方权责	受托方权责
重要决策	须经得同意	负责拟定、执行
职工任免	不干预	自行议决
财务报表	随时查询情况	送呈月报表、年报表
资产处置	先经得同意	提议、执行
委托管理费	备案	负责计提、结算
经营亏损	负责补足	通知对方亏损情况
非受托方过失	承受	向对方声明

资料来源：汪宏忠：《诚孚信托公司资本经营的特点分析》，《上海经济研究》2000 年第 10 期，第 74~79 页。

　　再者，诚孚公司董事会通过接受各企业"股份及表决权信托"，集中持有并同意行使股份的表决权，控制了这些企业的经营，包括选择管理者、进行重大决策以及决定盈利分配等。"两行"通过诚孚公司进行纺织业的直接经营，这种经营行为与当时的《公司法》《银行法》有很多冲突。1929 年《公司法》第 11 条对法人持股有所限制："公司不得为他公司之无限责任股东，如为他公司的有限责任股东时，其所有股份总额不得超过本公司实收资本的四分之一"，另外对一般股东的比例也有所限制。《银行法》对银行直接经营工商业也有很多限制，如 1924 年的《银行通行法细则》第 8 条规定，银行直接经营工商业只限于"仓库业"和"运输业"，还须另集资金，会计独立。1931 年的《银行法》还对银行经营信托有专门条款，规定非经财政部批准，不得经营信托业务。1940 年的《非常时期管理银行暂行办法》更明确规定银行不得以信托的名义"自行买卖或代客买卖"。但这些条款并未严格实施，没有取得实际效果，相反，当时大多数银行都设有信托部，且越办越大。

第三节 ▶ **家族信托：从初创到萌芽**

过去十年，是我国高净值客户数量及财富规模快速增长的十年，根据贝恩公司和招商银行发布的《2019 中国私人财富报告——中国私人银行业：回归本源》（简称《2019 财富报告》），2018 年中国个人可投资资产总规模达 190 万亿元人民币，可投资资产在 1000 万元人民币以上的高净值人群数量达到 197 万人（预计到 2019 年底将达到约 220 万人），高净值人群人均持有可投资资产约 3080 万元人民币，共持有可投资资产 61 万亿元人民币（预计到 2019 年底将达约 70 万亿元人民币）。如此巨大的市场，为家族财富管理提供了广阔的蓝海。也正是如此，在这十年里，各大财富管理机构推出各种金融服务与非金融服务，并不断创新以更好地满足高净值客户财富管理的多样化需求。

过去十年，家族信托业务的诞生使得高净值客户在财富传承上有了全新的工具。国内的家族信托业务始于 2012 年，然而在家族信托业务开展前期，高净值客户更多地把家族信托简单地看成一个理财产品，会直观地与投资型理财产品或集合信托对比，关注点也集中在家族信托的投资收益上，究其原因，主要是高净值客户对国内家族信托的作用尚不了解。2014 年 4 月，银监会出台《关于信托公司风险监管的指导意见》（简称"99 号文"），在对信托公司转型方向中明确提出"探索家族财富管理，为客户量身定制资产管理方案"。随着信托行业、私人银行、财经媒体等对家族信托的宣传力度不断加大，高净值客户对家族信托在财富传承、风险隔离、事务执行等方面的功能越发关注。2018 年 8 月，银保监会下发《关于加强规范资产管理业务过渡期内信托监管工作的通知》（简称"37 号文"），首次给予家族信托"官方定义"，即：家族信托是指信托公司接受单一个人或者家庭的委托，以家族财富的保护、传承和管理为主要信托目的，提供财产规划、风险隔离、资产配置、子女教育、家族治理、公益（慈善）事业等定制化事务管理和金融服务的信托业务。同时，特别强调：家族信托财产不低于1000 万元，委托人不得为唯一受益人，单纯以追求信托财产保值增值为主要信托目的的业务不属于家族信托。据统计，截至 2019 年底，目前 68 家信托公司中已超过 35 家开展了家族信托业务，家族信托业务的市场规模已超过 1000 亿元。目前，境内家族信托业务正步入快速增长阶段。

一 参与主体：信托主导

2012年，平安信托率先在深圳设立国内首单家族信托以来，各类机构纷纷加入家族信托业务的阵营。招商银行与外贸信托合作首推境内私人银行家族信托产品；北京银行与北京国际信托合作推出面向双方顶级客户的家族信托服务；建设银行与建信信托合作推出家族信托业务；中国银行启动"家族理财室"服务。2014年以来，中信信托、上海信托、中融信托、五矿信托等纷纷成立家族办公室。作为第三方财富管理机构的诺亚财富、宜信财富及睿璞成立了法人形式的家族办公室。京都律师事务所和盈科律师事务所则分别成立了专门的家族信托法律服务中心。信诚人寿、招商信诺等保险公司先后推出保险金信托。券商纷纷设立私人银行部。国际家族基金协会（IFOA）在北京设立了中国地区办公室。

从国际经验来看，家族信托受托人可以是个人、专业信托公司及私人信托公司。在国内，尽管《信托法》规定受托人可以是自然人或法人，但目前家族信托业务须由持牌信托公司开展，因此任何机构开展真正意义上的家族信托业务必须借助信托公司的牌照。总体来看，国内参与家族信托业务的相关主体包括商业银行、信托公司、保险公司、第三方财富管理机构、律师事务所等，至此，形成了以信托公司为主导，商业银行、券商、保险公司、第三方财富管理机构、独立家族办公室以及律师事务所等机构参与的竞争与合作共存的市场局面。

根据信托公司独立性或是否与银行开展合作，家族信托可分为三大模式，即信托公司主导模式（信托公司自营客户）、"私人银行＋信托通道"模式（私人银行主导，信托公司事务管理）和私人银行与信托公司合作模式。信托牌照是家族信托业务开展的必要条件之一，非信托机构的客户优势与其互为补充，其中商业银行的客户资源优势则明显占优（见表4）。

表4 家族信托主要参与主体的优劣势分析

项 目	信托公司	商业银行	第三方财富管理机构	独立家族办公室
优势	⊙ 信托牌照 ⊙ 人力资源	⊙ 客户资源 ⊙ 信誉基础 ⊙ 资管能力	⊙ 合伙人文化 ⊙ 轻资产	⊙ 管家服务 ⊙ 综合性方案 ⊙ 高端人才
劣势	⊙ 资管能力不足 ⊙ 客户信任度不高	⊙ 无信托牌照 ⊙ 存款立行 ⊙ 行政化机制	⊙ 无信托牌照 ⊙ 资管能力差 ⊙ 人才有待提升 ⊙ 信任软肋 ⊙ 短视的绩效观	⊙ 无信托牌照 ⊙ 认知度与信任度低 ⊙ 仍专注投资与销售

资料来源：课题组整理。

二　服务内容：架构设计

在国外，作为家族信托服务的提供方，如信托公司或律师事务所等，仅提供家族信托的内核服务——架构设计的咨询顾问服务，一般不提供家族信托的资产管理服务。资产增值并非家族信托的核心功能，受托人往往将资产管理服务外包给专业的资产管理机构。而商业银行则通常把家族信托作为增值服务内容之一或将架构设计服务委托给独立信托公司，对它们而言，家族信托的架构设计咨询顾问服务并非主要盈利点。以瑞士隆奥银行为例，其主营业务是资产管理，60% 以上的利润来自资产管理。家族信托仅是增值服务，只有当它们提供与家族信托相伴的资产管理服务时，才会产生利润。

在国内，鉴于信托公司的"实业投行"牌照功能，目前自行开展或与商业银行联合开展家族信托的信托公司，兼顾架构设计与资产管理服务。而国内家族信托受限于委托资产以现金类资产为主、税收制度不明确及缺少判例等因素，架构设计服务主要应用于现金类信托财产的支付管理，即信托公司依据架构设计中的合同约定，向指定受益人有计划地支付孕、生、育、业、老、病等相关费用，财产分配方式包括固定分配、附条件分配以及临时分配等形式，当然也包括特殊资产类型的安排以及特殊税务身份的结构设计等。资产管理服务主要是现金类信托财产的投资管理，即依据与委托人商定的合同架构，将信托财产以信托公司名义进行投资管理，实现财富的保值和增值。

根据合作模式来看，在信托公司主导模式下，信托公司自营客户的资产配置是由信托公司来做，其业务团队通过主动管理和资产增值服务提升客户满意度。家族信托团队一方面对接客户需求，另一方面对接资产端，根据客户需求及风险承受能力，评估资产配置组合的风险程度与客户风险承受能力的匹配度，利用本金和期望收益倒逼测算预期回报率及各类金融产品的配置比例，并在配置过程中不断修订，实现资产配置过程。而在商业银行参与的模式下，客户的资产配置由商业银行完成，商业银行依托其强大的资管能力及丰富的产品资源，实现客户的大类资产配置，信托公司更多地依据商业银行的"建议"执行。

架构设计则是根据委托人的意愿灵活设计信托条款，包括受益人及受益人继任规则、收益分配方式、监察人制度等来实现委托人风险隔离、财富传承、税收筹划等功能。值得一提的是，信托监察人并非家族信托的生效要件，而是根据实际需求来设计，信托监察人权力范围主要包括：信托财产的管理运用、处分及收支情况的知情权，收益分配的确认权，受托人行为存在过失时的救济性权利，建议解任受托人的权利等。但信托监察人的权力过大可能会违背委托人设立家族信托的初衷，因此需谨慎配置监察人权力。信托监察人由委托人委任，可以指定家庭成员、信任的律师、会计师及第三方机构等担任，若监察人过世，还可以委任顺位监察人。

从国际经验来看，委托人保留权力信托可能会损害信托的资产保护功能，甚至被视为"恶意信托"。国际上已经出现由于委托人保留控制权而导致信托被判无效的案例，而全权信托架构可以确保信托的有效性。因此国内家族信托业务刚开始发展的时候，会特别强调不可撤销信托的"自动驾驶"功能。但基于国内《信托法》并不存在"可撤销信托"与"不可撤销信托"的概念，可撤销信托更类似于国内《信托法》中的可解除信托。《信托法》第五章"变更和终止"，规定了信托解除条款，包括法定解除和约定解除，都直接导致信托终止的效果，只是没有采用"撤销"二字。从《信托法》对信托解除效果的规定来看，法定解除与约定解除都赋予了委托人较自由的权利，且没有以"是否约定解除"为信托财产是否具有隔离功能的条件，《信托法》仅在第15条中提到"委托人与受益人为同一人，信托终止后信托财产作为委托人遗产"这个层面进行规定，进而推定自益信托不具有隔离功能。实践中，国内家族信托如果提前结束或者终止，信托财产也是分配给受益人，不是返回给委托人。所以信托虽然起源于欧洲、发展于美国，是英美法系最重要的财产法制度之一，但国内家族信托业务还是以《信托法》及柜关法律为基础。

三　资产类型：现金为王

从法律基础来看，我国《信托法》并未限制信托财产的类型，但受限于信托财产登记及过户制度的不完善（见专栏2），境外应用最广泛的非现金资产难以成为国内家族信托的核心资产。目前国内家族信托的资产单一，以现金类为主，非现金类家族信托较少。

不同类型的机构对信托财产持不同态度，以商业银行为代表的资产管理型机构更青睐现金信托，主要缘于其从事家族信托的主要利润来源为资产管理服务，现金信托可以带来金融资产和稳定的中间业务收入，非现金信托短期利润较低，而需投入的维护成本较高，专业管理人才缺乏，唯有出于维护客户关系，提高客户黏性的长远利益考虑，商业银行才会接受非现金类资产。信托公司则对非现金类资产持乐观态度，将非现金类家族信托作为业务创新的重要方向。一方面，信托公司在事务管理方面更具操作经验；另一方面，高净值客户对非现金类信托需求旺盛，非现金类信托不存在法律障碍，仅是配套制度的缺失，目前可以通过交易方式过户，但成本较高。

专栏 2　信托登记制度

《信托法》并未对信托财产类型做出具体限制，仅要求信托财产必须为委托人合法财产，不能是禁止流通财产等。《信托法》第 10 条规定："设立信托，对于信托财产，有关法律、行政法规规定应当办理登记手续的，应当依法办理信托登记。未依照前款规定办理信托登记的，应当补办登记手续；不补办的，该信托不产生效力。"可见信托须以登记作为生效要件。

同时，不同信托财产的权属登记需参照相应的法律法规。《物权法》第 23 条规定："动产物权的设立和转让，自交付时发生效力，但法律另有规定的除外"；第 9 条规定："不动产物权的设立、变更、转让和消灭，经依法登记，发生效力；未经登记，不发生效力，但法律另有规定的除外"。因此，除法律另有规定外，货币资产以资金交付为信托生效要件无需登记，不动产则需按要求登记。第 24 条规定："船舶、航空器和机动车等物权的设立、变更、转让和消灭，未经登记，不得对抗善意第三人"。因此以交通工具为财产设立的家族信托，需要办理登记。另外，根据《公司法》《著作权法》《商标法》《专利法》等法律法规，以股权、著作权、商标权、专利权设立的家族信托，也需办理登记。

《信托法》并未限制非现金资产作为信托财产，也规定了信托登记制度以及适用的范围，但并未规定信托登记的具体操作规则。不同的信托财产对应不同的财产权转移登记机构。信托登记制度的不完善，造成需要登记的非现金类资产只能通过交易过户，财产转移过程视作销售过程，产生高昂的税收成本，制约了非现金类家族信托业务在国内的开展。

2016 年底，中国信托登记有限责任公司在上海正式挂牌成立。2017 年 8 月，银监会发布《信托登记管理办法》（以下简称《办法》），主要规定了信托登记的定义及流程、信托受益权账户管理及信托登记信息管理、监管要求等，构建了我国信托业统一的信托登记制度。《办法》第 3 条规定："信托机构开展信托业务，应当办理信托登记，但法律、行政法规或者国务院银行业监督管理机构另有规定的除外。"因此，凡是作为信托业务而存在的信托项目，均需要在中国信托登记有限责任公司登记，登记是对信托机构所有信托业务的强制性要求，家族信托也不例外。2018 年上半年，全国各信托公司共办理各类新增信托登记申请累计 28000 多笔，其中预登记 18000 多笔，初始登记 9000 余笔，初始登记涉及初始募集金额 34000 多亿元；获取产品编码的信托产品共计 17000 多个。

《信托法》之所以设置信托登记制度，最核心的原因是信托财产的独立性。即委托人的自有财产一旦设立信托，即独立于委托人的其他自有财产、独立于受托机构的自有财产、独立于受益人的财产，信托财产不得用于清偿委托人、受托机构及受益人因自有财产所产生的债务。因此，为了保护委托人、债权人的合法权益，维护信托设立的稳定性，立法部门希望通过信托登记制度达到公示的目的。

信托登记制度最核心的是登记、公示委托人拟委托给受托机构设立信托的财产，包括财产的规模、属性及设立信托的状态。然而，综观《办法》，监管部门希望通过该办法达到的主要目的是信托产品的统计、信托受益权流转的规范以及信托公司的监管，至于信托登记的法律效果及未办理信托登记的信托效力并未涉及。信托登记制度的真正落实需要将权属登记与信托登记相结合，既与现行权属登记制度相协调，又避免重复登记现象，真正意义上的信托登记如何落实还有待实践检验。

四　资金门槛：逐步统一

在市场发展之初，家族信托设立的资金门槛是 3000 万元至 5000 万元，期限通常为十年至几十年。但考虑到国内家族信托业务尚处于市场培育阶段，且委托资产以现金类为主，为了抢占市场资源，从业机构推出的家族信托业务呈现资金门槛普惠化、信托期限短期化的特点。主要表现形式是低门槛、规模化的标准化产品。部分信托公司推出的标准化家族信托产品一般起点为 1000 万元，期限为十年，具有门槛更低、期限更短的特点，更有推出"迷你"家族信托产品，主打低门槛、半定制化特征，门槛设定为 300 万元。低门槛的标准化及半标准化产品的定位是作为定制化产品的起点，作为培育市场的基础，吸引更广泛的投资者。

近两三年来，家族信托业务持续创新发展，服务模式、业务类型及客户范围不断拓展，家族信托的资金门槛也不断被拓宽，低至百万元，高至上亿元。"37 号文"对家族信托的门槛进行了界定，约定家族信托的门槛为 1000 万元起，相信随着制度的逐步完善，家族信托的资金门槛也将逐步统一。对于低于 1000 万元门槛的家族信托可能不再适用于"37 号文"，很多机构称为家庭信托，同样具备家族信托的功能，但需要注意的是，低门槛的家庭信托，不能同家族信托一样，豁免"资管新规"的相应约束。

五 收费模式：尚未成形

考虑到目前国内家族信托的资产类型较为单一，架构设计比较简单，家族信托业务主要按照信托资产规模，收取固定管理费（每年0.3%~1%），部分信托公司和券商开展家族信托业务会收取超额管理费（每年超额收益的20%）。境外家族信托的架构设计服务往往与资产管理服务相分离，或仅作为增值服务，仅就架构设计部分而言，独立信托公司主要按照资产规模、资产类型、信托架构的复杂程度及参与度确定收费标准，费用涉及信托成立之初的架构设计费、每年的固定管理费及法律文件变更等相关费用。

第四节 ▶ 未来展望：从萌芽到发展

中国家族信托行业经历八年的探索与创新，虽然规模在快速增长，但仍处在市场培育的初级阶段。展望未来，家族信托在中国的推广将经历雏形、成长与成熟三个阶段。在雏形阶段，"中国式家族信托"将聚焦老龄化时代的姻缘与血缘风险防范；在成长阶段，本土家族信托将成为超高净值客户财富管理的中枢，担任金融、不动产等主要载体；在成熟阶段，中国家族信托行业将成为民营企业家家族与事业管理载体，服务于客户家族财产与企业股权、债权综合管理，透过家族信托与家族办公室有机结合陪伴家族的永续传承。

一 前景展望：海阔天高

中国改革开放40多年以来的"创富者"与"继富者"正面临史上最大规模的财富与事业代际传承，中国第一代的家族信托目标客户多数是"50后"与"60后"，其经历了特定历史时期的计划生育政策而普遍呈现独生子女家庭特征。另外，其下一代——"80后"与"90后"的婚姻状况稳定性堪忧。"创富者"和"继富者"在生活阅历、事业兴趣与身份安排国际化方面亦存在较大代际差异。我们以福布斯富豪百人榜中的企业为样本来分析国内家业治理现状，结论有二。第一，正在或已经完成传承的家族企业占比不足40%，创始人多在60岁以后才考虑传承问题，目前创始人年龄段在70~79岁的10人中还有4人未完成传承（见图6）。第二，41家已完成传承家族企业中有28家选择家族成员作为接班人，即"传贤传亲比"为3：7。"传亲"的28家企业继承人中男性占比较高，仅有8名女性。

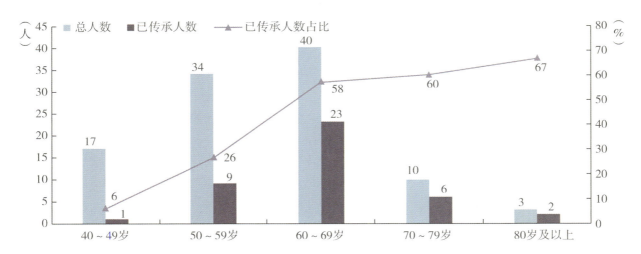

图 6 不同年龄段的创始人和已传承创始人数量分布

资料来源：课题组整理。

中国第一代家族正在经济新常态下面临金融风险、产业风险、姻缘与血缘风险"三期叠加"的时代课题。包括民营企业家在内的所有高净值人群在家业经营及家庭生活中均面临上述三大风险及不可抗力的意外风险。家族与家业的重大受损还可能来自宏观层面的法律、制度或司法风险等，微观层面的市场风险或道德风险等以及家族层面的生存、长寿、婚姻、职业、税务、操作以及破产风险等。

二 政策建议：横纵连横

作为全球财富管理市场的发源地，瑞士得以成功的首要条件就是其健全的制度保障，如永久中立国、银行保密法以及义务兵制度等，进而由最初的宗教避难中心过渡到政治避难中心直到当下的经济避难中心，即首个"全球财富管理中心"。鉴于此，为给出国内家族信托业务的发展建议，首先分析国内家族信托业务发展的制度障碍。

众所周知，"一法三规"[7]构成了当前国内信托业监管的法律制度体系。家族信托作为信托业务的一种，同样受到"一法三规"的监管。家族信托更是一种特殊的法律架构，根据信托财产类型和信托功能的不同，家族信托的实际操作不免涉及《税法》《公司法》《物权法》《慈善法》《婚姻法》《继承法》等。目前尚未有法律法规对家族信托业务做单独界定或予以规制，但家族信托在国内的发展是具备制度基础的。

首先，他益性是家族信托的首要特征。《信托法》中关于"委托人不是唯一受益人的"提法明确了他益信托的合法性，为家族信托提供了法律基础。其次，监管部门鼓励家族财富管理。2014年4月的"99号文"在转型方向中明确提出"探索家族财富管理，为客户量身定制资产管理方案"；2018年8月的"37号文"对家族信托进行明确界定，从监管层面指明家族信托未来的发展方向。最后，最高人民法院也有相应指引。2019年11月14日，最高人民法院发布《全国法院民商事审判工作会议纪要》（简称"《九民纪要》"），再次强调了信托财产的"独立性"。这表明国内家族信托业务具备法律基础，也受到监管部门的支持，但相关的配套制度、行政法规亟待完善。在此从制度建设、监管体系及机构发展等方面提出如下的改进建议。

（一）制度建设的法与税

为保障制度对冲和机制对冲的有效运行实施，从法制视角给出进一步优化的策略建议，因为"法的精神就是所有权"[8]，即所有权在依法治国中的基础性地位。完善信托制度的建议有六点。

第一，明晰信托财产所有权。 设立家族信托必须有适合的信托主体，当事人应当具备法律规定的信托资格。家族信托的委托人只能以归属于其名下的合法财产及家族事务设立信托，在股权家族信托中，企业本身不可以作为家族信托的委托人，而企业的自然人股东却可以。这一点与营业信托不同，法人或其他组织也可作为营业信托委托人。此外，家族信托的委托人还需具备完全的民事行为能力。家族信托的受托人应具备信托业务牌照，能承接信托财产的转移，具备进行家族财产及事务管理的能力和资质，并且是能长期存在的法人或机构。由于我国信托文化传统的欠缺，缺乏对民事信托的法律支持环境，将财产转移给信托公司之外的其他主体，实践操作困难而且很难被司法认定为信托财产。从这个层面来看，信托公司作为受托人，委托人将财产转移至信托公司名下，是建立有效信托关系，保证信托财产独立性的关键。而商业银行、第三方财富管理机构及律师事务所等其他主体仅能采取与信托公司合作的形式或以信托公司为通道从事真正意义上的家族信托业务。家族信托的受益人由委托人指定。根据《信托法》，受益人可以是自然人、法人或依法成立的其他组织。但"37号文"约定受益人应包括委托人在内的家庭成员，但委托人不得为唯一受益人。《信托法》第11条要求受益人或受益人范围可以确定，并未要求设立时受益人必须存在。此外，我国《继承法》规定，遗产分割时应保留胎儿的继承份额。胎儿在接受无附带义务的利益的法律关系中，具有法定权利能力。因此，胎儿可以作为家族信托的受益人。家族信托经常遇到委托人家属为外国国籍的情况。对于外国自然人能否作为受益人，我国《信托法》并未做明确限制，外国人原则上可以作为受益人。但若法律对外国人取得某物或某项权利有限制性规定时，则有所例外。例如，受《文物保护法》限定，"以私人收藏的文物作为信托财产，信托文件规定由受托人将该文物移转给受益人，则外国人不能作为该信托的受益人"。《信托法》第2条规定"信托，是委托人基于对受托人的信任,将其财产委托给受托人"。对于现金类家族信托,信托财产的所有权归属问题并非特别重要,而对当下需求强烈的房产和股权类家族信托而言,从物权法的角度,受托人享有信托财产的占有、使用和处分权,而受益人享有信托财产的受益权。因此,受托人并不享有真正意义上的信托财产所有权,信托作为一项特殊的制度,其对应的信托财产权应是一种独特的财产权。信托财产"转移给"受托人不能等同于物权法上的"转移",而"委托给"的用词容易与合同法上的"委托合同"相混淆。因此,立法或司法部门应对此问题给予明确界定。

第二,完善信托财产登记制度。《信托法》第 10 条规定:"设立信托,对于信托财产,有关法律、行政法规规定应当办理登记手续的,应当依法办理信托登记。未依照前款规定办理信托登记的,应当补办登记手续;不补办的,该信托不产生效力。"这明确了信托财产的登记制度。目前,我国有信托产品登记制度。信托财产登记的意义在于确定信托财产的独立性,以实现信托财产的风险隔离。但我国目前尚无完备的信托财产登记机构和登记程序,又强制要求登记生效,一定程度上阻碍了非现金类家族信托的发展。信托财产的登记应与《物权法》《不动产登记暂行条例》《公司法》《专利法》《商标法》等作为信托财产的财产与财产权变动的登记相衔接,并且需要在相关的法律法规中予以明确,否则实践中的操作将无据可循。实践中,信托登记应包括信托财产的转移登记和信托相关事项的登记,至少包括如下信息:(1)信托当事人,包括委托人、受托人、受益人的姓名、住所和联系方式;(2)信托财产,包括财产范围、数量、种类及转移的具体情况;(3)信托目的;(4)信托财产的管理方式,尤其是受托人管理处分信托财产的权利义务;(5)信托期限;(6)其他需要登记的内容。

关于房产信托的登记问题,一方面要处理房产的 70 年产权问题,《物权法》和《土地管理法》在立法中没有规定建设用地使用期限届满后的处理问题。《房地产管理法》[9]以及《城镇国有土地使用权出让及转让暂行条例》虽然规定了土地使用期限届满后,住宅类建设用地使用权自动续期,非住宅类可申请续期,并明确了续期者需要依照期限缴纳土地使用权出让金,然而对于实施中的细节则无具体的规定。另一方面还要处理信息共享问题,以房产为信托财产在信托登记中心登记后,应将其已设立家族信托的信息反馈到房地产管理部门,并在登记簿中注明该房产已为信托财产,从而使相关交易方在进行房产查询时可明确获得该房产的信托性质。

第三,尝试信托持牌经营机制。《信托法》第 24 条规定有完全民事行为能力的自然人、法人均可作为信托的受托人,其他法律法规有特别规定的除外。银监会发布的《信托公司管理办法》第 7 条明确规定凡是设立信托公司,都应经银监会批准并领取金融许可证,未经批准的任何单位或个人都不得经营信托业务。目前,参与家族信托的机构有信托公司、商业银行、证券公司、律师事务所和独立家族办公室以及第三方财富管理机构等,除信托公司外,其他机构开展家族信托业务均得借助信托公司通道。鉴于此,监管部门应分清民事信托和营业信托的界限,同时界定家族信托的民事信托性质,放开受托人的范围,并进行持牌经营,根据机构资质、过往业绩和第三方评估等来确定经营机构的持牌资质,如建立信托征信系统、设定注册资本下限以及设立从业人员的门槛等。当然，即便放开受托资质，信托公司在展业经验、专业经营以及运营管理上也有着得天独厚的优势。

第四，落实信托财产税收制度。税务筹划是家族信托的核心功能之一。税务筹划的要义是规划而非"避税"。通常情况下，"避税"功能是通过财产转移以及离岸信托等架构设计，借助"避税天堂"的税收优惠制度实现。但在法律制度完善的国家，如美国实施全球征税制度，信托结构建立在严格监管下，不存在通过选择离岸地受托人来达到规避税收的效果。税务筹划主要是利用税制空间及资产折价等技术手段合法节税。目前，国内财富管理机构通常以遗产税和房产税为噱头做家族信托业务的推广，但仅就当前的法律环境看，由于没有单独的信托税收制度，家族信托税务筹划的空间模糊。首先，信托财产制度具有"名义所有权"与"实质所有权"分离的特点；而中国现行税法则主要沿用传统的民商法、物权法理论，以"一物一权"为规范基础。其中的差距正是信托税收问题的根源所在。其次，目前国内并未出台一套完善的信托税收法律法规，财政部及国家税务总局出台的一系列与信托类业务及产品相关的税收规范性文件，主要针对证券投资基金和信贷资产证券化业务，而针对单个税种（根据现行税收制度，可能涉及个人所得税、企业所得税、增值税、营业税、房产税、契税、印花税以及未来的遗产税等）的实体法规中也基本未涉及信托业务的税务处理。就信托财产征税而言，交付端不应征税，可以在运营端和分配端进行征税。在运营端，可对增值部分征税。在分配端，可借鉴国际信托征税的导管理论，直接向受益人征税，进而规避逃税和重复征税问题。因信托增值部分自产生之日便归受益人所有，因此受托人对信托财产的运作只是一种为受益人创造财富的导管。进一步地，如果受益人是委托人本人，则不应征税，因信托合同或家族信托本身针对增值部分已经缴税；如果受益人是其他单位和个人，在没有开征赠与税和遗产税的情况下，依据现有的继承法，不应缴税。对于遗产税，尚无明确的开征细则，目前需针对股权、房产的装入提供配套的税收优惠政策。

第五，强化家族信托保密制度。《信托法》第 33 条规定受托人对委托人、受益人以及处理信托事务的情况和资料负有依法保密的义务。保密义务虽被立法确认，但未以立法形式或司法解释形式对之细化，导致受托人该义务的实践几近空白。而境外有大量判例指示受托人如何履行自身的保密义务，并且规定违反保密义务的法律责任，如在开曼群岛，违反保密义务的受托人将受到刑法制裁。鉴于此，借鉴国际经验，分别针对司法机关、受益人和第三人的保密义务提供如下建议。其一，针对司法机关，如国内法院因司法需要强制性地要求公布相关信息的，受托人应对相关信息予以披露，积极配合案件的审理。但对与案件无关的私密性信息仍应当予以保密，如委托人的生育信息等。其二，针对受益人，除必要的信息外，如《信托法》第 33 条规定的"受托人应当每年定期将信托财产的管理运用、处分和收支情况，报告受益人"。而委托人与受托人之间签订的非正式信托文件如意愿书等，受托人与其他受益人之间的沟通性文件，涉及他们对财产分配的要求以及对信托管理的意见，以及受托人与监管机构之间的沟通性文件等，不得向受益人披露。其三，针对第三人，至少要遵循如下保密原则：除非受托人基于诚信原则，认为披露资料是其履行信托义务必须行为；除非必须披露的外部资料不会造成不公平或利益冲突；除非披露信息被委托人授权；除非资料已经公开以及除非因公共利益需要得到有权机关许可。实际上，为更好地融合信托登记生效和保护客户隐私，可考虑采取"登记对抗主义"，即信托财产未办理信托登记，不得以该财产属于信托财产对抗善意第三人，但不影响信托的效力。

第六，明确例外债权人范围。《信托法》约定受益人不能清偿到期债务的，其信托受益权可以用于清偿债务，但法律、行政法规以及信托文件有限制性规定的除外。为了防止受益人挥霍，一般会通过信托文件约定受益人不得以信托受益权清偿债务，但有些债务基于其本身具有特殊性，需要排除在挥霍信托受益人普通债权人之外予以特殊保护，称其为例外债权人。与普通债权人不同，例外债权人可以主张要求以挥霍信托受益权折抵债务，不受禁止受益权转让条款的限制。借鉴美国挥霍信托例外债权人判例，有下列四类债权人对受益人而言具有特殊意义：第一类是孩子以及需要扶养的丈夫或妻子；第二类是国家和政府也应当是例外债权人；第三类是为受益人利益提供保护的人也应当被列入例外债权人之列，如为信托受益人利益纠纷而聘请的律师等；第四类是侵权债权人等。

（二）监管体系的牌与律

第一，加强自律组织，做好内部监管。为实现对家族信托的良性监管，仅仅依靠政府部门的外部监管是不够的，健全行业自律体系，加强行业自律管理，已成为我国信托业健康发展的必要条件。鉴于内部人员对行业信息了解较多，对于因信息不对称而导致的政府失灵行为具有很好的抑制作用。行业协会的自律监督有利于降低政府的执法成本和提高监管的实际效力。同时，不能将家族信托自律组织仅仅视为一个自律监管机构，而应当将其作为一个单独的监管机构，实现对政府权力的监督约束。

目前，中国信托业协会采用民间管理的方式，旨在对信托行业实现自我约束和自我监管，与信托监管部门互相促进、互相合作，努力维护金融体系的安全和秩序，我国家族信托的监管自然也缺少不了中国信托业协会的监管。近几年中国信托业协会也在密切关注家族信托业务的发展，开始在一些公开场合发声，对家族信托业务的推广和规范都有着积极作用。所以，中国信托业协会应当积极地发挥自身的监管作用，通过制定行业规范、会员管理制度和从业人员准入等相关规定，通过加强与监管部门的密切联系，共同实现对信托行业尤其是家族信托等新型信托形式的监管，促进我国信托业的发展。

第二，培育"信托文化"，正视"死亡文化"。家族信托业务在中国的发展有其特殊的政治、经济、文化因素，这些因素的影响根深蒂固。因此，除上述对家族信托相关制度的供给侧改革措施以外，还应该从需求侧入手，推动投资者对家族信托的认知建设，加强"信托文化"和"死亡文化"的培养。尤其是以"创二代"作为切入点，实现家族信托业务从传统信托业的标准化产品导向向定制化结构安排的观念转变，将架构设计实现的功能作为家族信托好坏的衡量标准，走出"收益率为王"的认识误区。此外，家族信托处理的恰是"身后事"，而儒家文化下避讳谈及死亡问题，因此家族信托的发展也需对"死亡文化"进行重建，引导从业人员正确宣传家族信托业务。

第三，确立与完善监察人制度。信托监察人，又称信托管理人，虽不属于信托当事人，但在保护受益人利益上起着重要作用。监察人制度运用则比较广泛，在受益人不特定或尚不存在，以及为保护受益人利益确有必要时，法院可依申请或依职权选任监察人。我国《信托法》只针对公益信托规定了监察人制度，但实践中家族信托往往会设立监察人。一方面，与《信托法》的价值取向有关，《信托法》十分重视委托人对信托的监督权，规定委托人享有知情权、信托财产损害救济权、信托财产管理方法调整权等一系列权利。信托受到委托人和受益人双重监督，当委托人缺失时，信托法律关系有失衡的可能性。另一方面，家族信托确实会面临委托人缺失的情况，在涉及代际传承时，信托期限一般较长，委托人很可能在信托期间去世，因此产生了设置一个角色接替委托人的需要。此外，在委托人缺乏时间、专业知识来管理信托或者受益人为多人难以行使监督权时，也会考虑设置监察人。可见，在实践中自发引入的监察人功能主要是监督信托，保护受益人利益成为次要目的。但是，在信托文件中所约定的监察人权利并没有法律依据，在司法审判中是否会得到承认也是存疑的。更严重的是，当监察人的设立偏离保护受益人利益的初衷时，缺乏约束的监察人权利有可能损害受益人利益。《信托法》关于监察人制度的空白不利于家族信托的健康发展，亟须在《信托法》修订时予以完善。此外，当监察人是自然人时，信托期限可能长于自然人的寿命，监察人的继任规则也需要事先考虑。

（三）机构发展的实与名

第一，强化人才培养，提高管理能力。在信托行业转型发展的关键时期，家族信托被视为信托业未来发展的重要方向之一。目前，信托公司开展的融资类业务更多类似于向客户销售理财产品，客户基本是通过预期收益率的高低来选择信托公司。家族信托不仅仅是向客户销售理财产品，信托公司赚取的也不是利差收入，而是为客户提供专业化、定制化的一揽子综合财富管理服务，信托公司收取的是管理费。业务模式和盈利模式的差异决定了信托公司对家族信托业务的管理亦应有所不同。综合财富管理服务对应资产端的多样性，决定了资产端的配置也必须朝多元化方向发展，资产配置能力至关重要。资产配置能力不但包括对于货币市场、资本市场和实业投资的综合配置能力，还包括对于房产、艺术品等另类资产的管理能力。从某种意义上说，如果说信托公司传统的投融资业务依靠的是低成本资金和优质项目的获取能力，财富管理类业务则应依靠获取高净值客户信任的能力和综合资产配置的能力。加强人才的培养和储备，逐步提升资产配置和管理能力是发展家族信托业务的根本前提。

第二，做好机构定位，发挥自身优势。对从业机构而言，应当在学习国际国内家族信托发展经验的基础上，结合公司自身组织架构、业务模式及客户特点，依托内外部优势，构建适宜自身发展的差异化的家族信托业务模式。在依托现有系统的基础上，循序渐进地搭建家族信托的中后台支持系统，做好超高净值客户的需求分析和资产梳理，搭建专业人才培养机制。鉴于国内家族信托市场尚处于培育阶段，各家机构应充分发挥各自优势，共同推进业务的快速发展。信托公司专注于信托架构设计以及专业的运营管理上，同时提供充分的资产以供客户或合作机构选择；律师事务所则在信托结构的论证、法律文件的设计方面发挥其优势，同时可适当推进行业的创新业务发展；商业银行开展家族信托业务，应在做好客户需求分析及资产梳理基础之上，定位于以发挥资产管理服务优势为核心，引入集团内外部资源搭建家族财富管理平台，为客户提供集家庭与企业、在岸与离岸、传承与配置一体化的财富管理方案。

第三，强化自我约束，做好内部管理。 作为受托人，从业机构除了不断提升自己的资产管理能力，更应加强自我约束，才能让委托人更放心地将资产交由受托人管理。其一，法律明确规定家族信托受托人的权利义务，加强信托公司的内部管理。其二，完善受托人的内部控制意识和责任意识，明确建立有效的应变措施和预警机制，保证信托公司的正常运营和家族信托业务的顺利运行。其三，在信托公司内部设立专门的信托监管部门，专门对家族信托进行监管，加强对家族信托运行阶段的监督。同时比类监管部门必须是相对独立的，且此类监管部门的主管和工作人员不能在公司内部其他部门任职，以比保证信托公司内部各部门实现既互相合作又互相监督、制约的局面，实现对家族信托的有效监管，保潭家族信托的健康运行。

注释：

1. 杨端六：《信托公司概论》（1922 年第 1 版）。

2. 参见国家金融与发展实验室联合五矿信托发布的《回归本源 方得始终——家族财富管理调研报告（2019）》。

3. 袁灿兴：《无锡华氏义庄：中国传统慈善事业的个案研究》，合肥工业大学出版社，2017。

4. 通常做法是：交易所以股票为质押，向信托公司获取资金，信托公司则将本公司股票在交易所进行买卖。

5. 经营的纱厂和其他企业有上海新裕纺织有限公司、天津北洋商业第一纺织公司、诚孚铁工厂、新华化学工业厂、天津恒源纺织股份有限公司、扬子纺织公司、嘉陵纺织公司。

6. 为救助棉纺织业于危机之中，棉业同址会建议政府与金融界合作，设立"棉业信托公司"用以联合棉业厂商和银行，其目的是"直接扶助厂商，间接为金融发展，代理纱厂买卖运销即棉纺织染厂委托经营，代理银行经营棉业放款，并争取以公司为中心，联合组织'棉业同盟天集团'，以协助政府完成救济棉业的工作"。

7. "一法三规"即《信托法》、《信托公司管理办法》、《信托公司集合资金信托计划管理办法》和《信托公司净资本管理办法》，但集合资金信托计划不能做他益，所以对家族信托的监管而言实际上是"一法两规"。

8. 《马克思恩格斯全集》第 33 卷，人民出版社，2004。

9. 《房地产管理法》第 22 条规定：土地使用权出让合同约定的使用年限届满，土地使用者需要继续使用土地的，应当至迟于届满前一年申请续期，除根据社会公共利益需要收回该土地的，应当予以批准。经批准准予续期的，应当重新签订土地使用权出让合同，依据规定支付土地使用权出让金。土地使用权出让合同约定的使用年限届满，土地使用者未申请续期或者虽申请续期但依照前款规定未获批准的，土地使用权由国家无偿收回。

第三篇 服务篇

SERVICE

03

CHAPTER

FIVE

▶ **第五章 服务体系**

财富管理 2.0 时代将由以产品为中心转向以客户为中心，客户的诉求不是单一的保值增值，而是全方位、定制化、个性化的金融和非金融综合解决方案，抓手则是产品或服务体系。鉴于此，与第二章的参与机构体例相对照，本章将先后介绍商业银行、信托公司、证券公司及保险公司与财富管理／家族财富管理相关的服务体系，重点是与家族财富管理密切相关的两项创新业务——家族信托、保险金信托的发展概览和典型案例。本章最后将重点展望家族信托业务下一步发展的七大趋势，即：从业机构和人员将进一步细分；从单一财产信托到多元财产信托；从生前信托到遗嘱信托；从家族信托延伸到家族慈善；从家族信托服务衍生升级为家族办公室服务；境内家族信托与境外家族信托的日趋融合；保险金信托在慈善领域的延伸。

第一节　市场概览：从标准到定制

　　资管新规按照资管产品的类型制定统一的监管标准，对同类资管业务做出一致性规定，实行公平的市场准入和监管，最大程度地消除监管套利空间，为资管业务健康发展创造良好的制度环境，在打破刚性兑付、禁止期限错配、消除多层嵌套、降低杠杆水平等多个方面对资管业务进行了规范。自此，各金融机构的资管产品基本上处于同一水平线，虽然产品均主要聚焦于财富管理，但在服务及侧重点方面又根据各机构的特性而有所不同。

一　商业银行：理财 + 净值

　　商业银行理财子公司本质上还是提供资管服务，主要聚焦于财富的保值或增值。如第一家银行理财子公司建信理财在开业当天就发布了建信理财粤港澳大湾区资本市场指数，该指数采用"1+5"体系框架，以"粤港澳大湾区高质量发展指数"为主线，贯穿粤港澳大湾区价值蓝筹、红利低波、科技创新、先进制造、消费升级 5 条子指数线，以满足不同风险偏好客户的需求。在此基础上，建信理财还将发行"乾元"建信理财粤港澳大湾区指数灵活配置、"乾元 - 睿鑫"科技创新类等多款覆盖权益、固定收益市场的系列理财产品。"乾元"建信理财粤港澳大湾区指数灵活配置理财产品主要投资于股票、债券、金融衍生品等资本市场投资品，其中股票投资部分采用粤港澳大湾区指数化投资策略。产品根据公司大类资产配置策略和风险评价模型，制定多资产投资配置比例，实现分散风险、平滑波动、增强收益弹性的目的。"乾元 - 睿鑫"科技创新封闭式净值型理财产品为 3 年期封闭式净值型理财产品，采用"固收打底 + 权益增厚"相结合的策略，布局股市长期配置价值，提高资本市场的稳定性。以长期资产配置视角，聚焦科技创新产业，让投资者分享科创企业成长红利。部分商业银行理财子公司产品 / 服务见表 1。

表 1 部分商业银行理财子公司产品 / 服务

机构	提供产品/服务
建信理财	建信理财粤港澳大湾区资本市场指数、"乾元"建信理财粤港澳大湾区指数灵活配置、"乾元-睿鑫"科技创新类等多款覆盖权益、固定收益市场的系列理财产品
工银理财	主要包括固定收益类、混合类、权益类和商品及金融衍生品类,如添利宝、鑫得利、鑫稳利、鑫天益、商品CTA、博股通利、全鑫权益(H股)、全球添益等
交银理财	首批产品聚焦现金管理、商业养老、科创投资、上海要素市场以及长三角一体化等六大主题。稳享一年定开理财产品、现金添利系列理财产品、博享长三角一体化策略精选理财产品、博享科创股债混合理财产品、稳享养老三年定开理财产品、博享上海要素市场链接理财产品
中银理财	中银理财按照风险从低到高分为固定收益类、混合类、商品及金融衍生品类、权益类四档;对应的客户则分为保守、稳健、平衡、成长和进取五个梯队。在开业仪式上,中银理财推出五大理财新品,分别是"全球配置"外币系列、"稳富——福、禄、寿、禧"养老系列、"智富"权益系列、"鼎富"股权投资系列以及指数系列
农银理财	农银理财推出"4+2"系列产品体系,即"现金管理+固收+混合+权益"四大常规系列产品,惠农产品和绿色金融(ESG)产品两个特色系列产品
招银理财	按照大类资产维度,启用"赢、睿、智、卓、越"全新产品体系命名,即以"招赢"、"招睿"、"招智"、"招卓"以及"招越",分别对应现金管理产品、固定收益型产品、多资产型产品、股票型产品、另类产品及其他共五大系列产品

资料来源:课题组整理。

　　另外，以净值型理财产品的发行情况来说明银行产品设计变化，总体特点是"破刚兑和净值化加速"。随着资管新规及其细则的落地，打破刚性兑付以及实现产品净值化已经成为未来银行理财产品的发展趋势。从整改趋势看，许多银行在 2018 年即开始尝试理财产品的净值化管理。这从各家银行 2018 年年报中也可看出端倪：建行 2018 年年报显示，其净值型产品增长迅速，全年发行净值型产品 192 只，2018 年末余额 2996.24 亿元，较上年新增 2975.09 亿元；中信银行 2018 年年报显示，截至报告期末，其非担险理财产品存续规模 9252.59 亿元，比上年末下降 2.89％，其中，净值型产品规模占比达26.44％，产品整体风格稳健；邮储银行 2018 年年报显示，全年投放净值型理财产品 60 只，净值型理财产品占比由年初的不到 1％ 提升至 11.18％；招商银行 2018 年年报显示，截至报告期末，其符合资管新规净值管理要求的净值型产品占理财产品余额的 14.04％。而从整个银行理财产品市场的发行数量情况也可见一斑，根据中国理财网数据，2019 年 1~11 月净值型理财产品共发行 7330 只，而 2018年 1~11 月该数量为 770 只，同比增长 8 倍有余（见图 1）。每月的净值型理财产品也呈现逐月递增的趋势。与之相对的是，保本、保息型理财产品发行的节奏逐渐放缓。

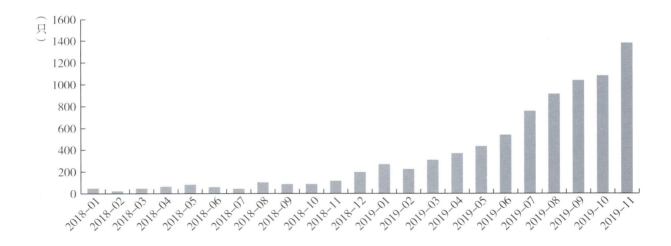

图 1 商业银行净值型理财产品发行数量
资料来源：中国理财网。

二 信托公司：资金 + 事务

目前信托公司财富中心的主要业务仍然是以销售自身产品为主，信托产品主要分为单一资金信托、集合资金信托和管理财产信托三类。按照信托功能可以分为财富管理类、事务管理类、公司 / 项目融资类以及其他类；按照财产运用方式可以分为融资类、投资类和事务管理类（见图2）。从财产运用角度看，2010 年以来，我们可以看到的是融资类业务在信托公司业务中的占比不断下降，此类产品主要是固定收益债权投资项目，主要运用模式包括信托贷款、股权融资、信贷资产受让等；事务管理类逐渐上升，目前占比最大，为 50% 左右，此类产品开始主要是银信合作等单一通道业务，但在行业对通道业务进行规范化后，回归本源的主动事务管理类信托成为未来的方向，其中家族信托就是其一；投资类信托则处于 20%~40% 的区间内波动，目前主要是证券通道类（见图3）。

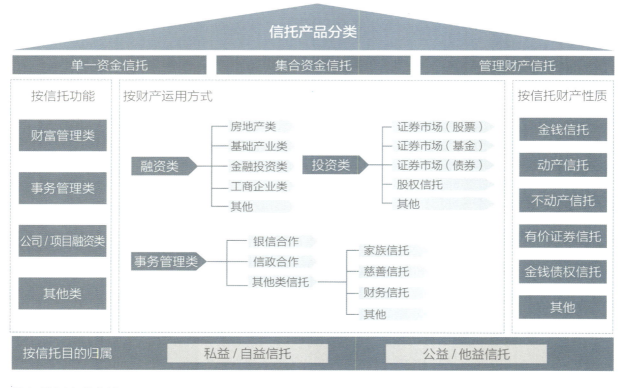

图 2 信托产品分类

资料来源：中国信托业协会编《2019 年信托业专题研究报告》，2020。

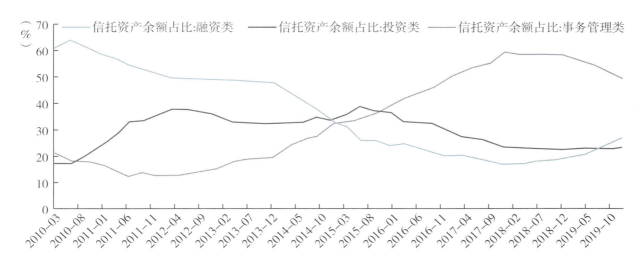

图 3　信托资产类别占比变化
资料来源：中国信托业协会。

　　家族信托作为信托公司的本源业务，近年来日益受到信托公司的重视，五矿信托即于 2018 年设立了家族办公室，专门开展此类业务。家族信托的功能涵盖家族事务管理、公司事务管理、现金资产传承、公司股权传承、房地产传承和保险金传承以及境外上市安排等。目前家族信托主要可以分为三类：其一为渠道主导的事务管理型信托，在此类信托中，信托公司扮演的是渠道角色，客户及投顾对象主要是以银行渠道为主；其二为传承型家族信托，信托公司利用自身的客户资源，开发家族传承需求客户，按照委托人意愿设计方案，充分发挥信托的牌照和专业优势；其三为主动投顾财管型家族信托，此类信托主要需要有专业的资产配置体系，可以满足家族信托资产的保值增值需求。放眼国内，现代意义上的家族信托则始于 2012 年鸿承世家的前身万全资金信托，这一年被称为家族信托元年。八年来，家族信托市场从 0 到 1，目前正处于从 1 到 N 乃至无穷大的快速发散扩展阶段。信托公司参与家族信托业务的机构数量由 2013 年的 6 家增加到 2019 年的多于 35 家，家族信托资产管理估算规模（宽口径）也破千亿元，2013 年和 2014 年处于孕育阶段，2015 年和 2016 年则是"摸着石头过河"阶段，2017 年至今是调整发展阶段。目前，国内家族信托业务的发展阶段类似于私人银行业务在 2010 年前后的发展阶段，今后家族信托包括慈善信托将获得快速发展。

85

三　证券公司：智能投顾 +App

证券公司目前在财富管理业务的统计上较为宽泛，如海通证券在经营举措中表示，财富管理业务包括零售与互联网金融业务、互联网金融、金融产品销售、融资类业务（融资融券及股票质押业务）、期货经纪；华泰证券表示，向各类客户提供多元化财富管理服务，包括证券期货期权经纪、金融产品销售、资本中介等业务。中金公司也表示，其财富管理分部主要为各类客户提供范围广泛的财富管理产品及服务，包括经纪服务、顾问服务、交易服务、资本中介服务及产品服务。从当前来看，证券公司的产品覆盖面较广。以国泰君安为例，其于2014年就提出"财富管理、产品先行"的发展战略，实现了现金、固收、权益、量化、QDII等各类产品的迅速增长，建立了较为全面的产品线。考虑到大部分产品都与普通资管产品类似，此处主要着重于介绍证券公司基于线上的产品。

受美国智能投顾业务高速发展影响，我国证券公司从2015年开始进行智能投顾的建设，目前已经有所发展，且部分证券公司对于客户分层建立了不同的投资平台，如国泰君安的"君弘一户通"主要对接普通零售客户，而"君弘财富俱乐部"则主要为高端客户服务（见表2）。但与国外证券公司主要依靠资产管理规模获取效益所不同的是，国内主要证券公司的着眼点在于提升用户体验，证券公司可以根据客户的选择进行画像分类，并按照智能投顾的资产配置组合进行推荐，实质上仍然是经纪业务的辅助，而非资产的直接管理。

表 2　证券公司财富管理产品

证券公司	零售客户与互联网产品	高端客户财富管理产品
东方证券	东方赢家财富版App、东方天机	加强与基金公司、各类资管公司、私募基金管理人的合作，拓展种子基金培育业务
广发证券	易淘金、GF-SMART	
海通证券	e海通财App	"海通荟萃、财安稳赢、海赢"等品牌
华泰证券	"涨乐财富通"App	
银河证券	中国银河App 4.0版"日内交易助手"板块	
兴业证券	优理宝	
中原证券	财升宝	
山西证券		建设财富管理中心，推出财智慧产品，按照AUM考核投顾
国泰君安	君弘一户通	君弘财富俱乐部
国金证券	佣金宝	
平安证券	平安证券App	公司在线下通过对全国战略性中心区域营业部进行轻型互联网化转型，为高净值客户提供更高效、附加值更高的财富管理服务
方正证券	移动App"小方"	
招商证券	向资产低的中小客户推广基金定投业务；开发上线移动营销服务平台App	为高净值客户提供定增类产品的定制服务
长江证券	IVARTA GO	
中信证券	信e投	
中泰证券	中泰齐富通	
中信建投	蜻蜓点金	

资料来源：课题组整理。

四 保险公司：股权 + 债权

近年来，保险监管部门根据 2014 年国务院发布的《加快发展现代保险服务业》（即"新国十条"）的要求，积极稳妥地推进保险资金运用改革，陆续推出了一系列保险投资新政，扩大了保险资金投资渠道，有利于保险投资多元化和投资收益率的提升。目前，保险机构发行的保险资管产品主要有债权投资计划、股权投资计划和组合类保险资管产品三类。债权投资计划和股权投资计划主要投向交通、能源、水利等基础设施项目，成为保险资金等长期资金对接实体经济的重要工具；组合类保险资管产品主要投向股票、债券等公开市场品种。根据银保监会披露，截至 2019 年末，保险资管产品余额为 2.76 万亿元，其中债权投资计划 1.27 万亿元、股权投资计划 0.12 万亿元、组合类保险资管产品 1.37 万亿元。而资管新规扩充了资金来源后，为适用差异化投资范围，进一步将资金分为来源于保险和非来源于保险两类进行投资管理，具体见表 3。

表 3 保险资管产品按资金流向投资范围

资金来源	投资范围
保险资金	可投资于银行存款；买卖债券、股票、证券投资基金份额等有价证券；投资不动产；投资股权；使用自有资金收购上市公司；境外投资；委托投资；投资商业银行理财产品、银行业金融机构信贷资产支持证券、资产证券化产品、信托公司集合资金信托计划、证券公司专项资产管理计划、保险资产管理公司基础设施投资计划、不动产投资计划和项目资产支持计划、私募基金等金融产品
非保险资金	可投资于国债、地方政府债券、中央银行票据、政府机构债券、金融债券、银行存款、大额存单、同业存单、公司信用类债券，在银行间债券市场或者证券交易所市场等经国务院同意设立的交易市场发行的证券化产品，公募证券投资基金、其他债权类资产、权益类资产和银保监会认可的其他资产

资料来源：课题组整理。

对来源于非保险资金的保险资管产品，和资管新规的要求保持了一致，与其他资产管理机构的产品投资范围基本相同；而对来源于保险资金的要求，投资范围仍是符合原关于保险资金运用的相关规定。

第二节 ▶ 家族信托：从开创到孕育

经过这些年的不断探索和实践，虽然资产类型单一，但产品体系相对完备。根据课题组对五矿信托家族办公室的调研，五矿信托家族办公室成立于 2018 年，植根于中国高净值及超高净值客户家族财富管理与传承的普遍需求，提供财富管理、家族传承、家族投行、家族慈善、家族艺术、家族康养及法律和税务筹划等高度专业化、定制化的产品与服务，通过科学运用信托等金融工具及法律架构，协助客户实现从个人到家族的长期发展与治理目标。根据目前家族企业主及高净值客户面临的风险，五矿信托推出了包括保障增值信托、子女保障信托、企业风险隔离信托、家族成员保障信托、隔代传承信托、家族慈善信托以及股票信托的标准化信托。复杂的客户需求还需进行定制化安排，对于创新的架构设计和多样的受托财产，五矿信托也在不断探索中。

一　子女保障信托

（1）客户情况

刘女士与丈夫共同经营一家企业，有两个儿子，一个已达适婚年龄，一个年幼正在读小学。刘女士希望和丈夫创业经营积攒下来的财富得以传承，并保障两个儿子未来的生活；同时希望能够防范子女挥霍财产，自己在世时，两个孩子不能从信托中分到过多信托利益。

（2）解决方案

根据刘女士的需求，将刘女士和两个儿子都设为受益人，但是各自的信托利益分配规则不同。刘女士在世时，两个儿子每年会从信托中分得固定的信托利益，剩余信托利益由刘女士享有；当刘女士身故后，其享有的信托利益按比例转回给两个儿子，同时设定两个儿子每年分配信托利益的次数及金额。具体结构如图 4 所示。

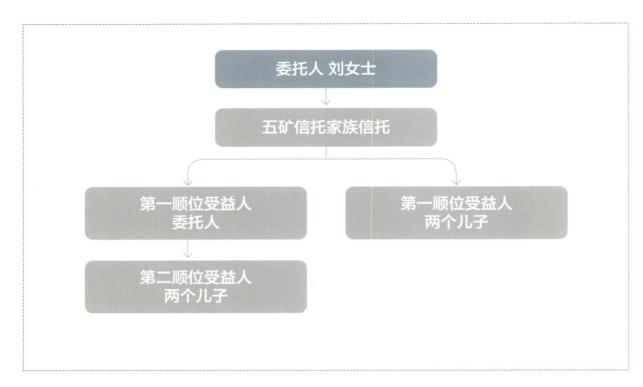

图 4 子女保障信托案例

资料来源：国家金融与发展实验室财富管理研究中心、五矿信托。

（3）适用群体

子女保障信托适用于家中子女年幼，担心因突发意外等风险使得子女无人照顾，并防止子女因突然获得大笔财产而挥霍。针对不同的客户，可在子女教育、婚育、意外事件、购房购车等不同阶段，设置相应的信托利益分配规则；另外可加入监察人角色，对受益人提出的申请分配等事项进行书面确认。

二 企业风险隔离信托

（1）客户情况

王先生夫妇创办了一家物流企业，父母健在，定期支付赡养费；女儿在美国念初中。现在企业进行进一步增资，投资方要求王先生夫妇对增资签署对赌协议并提供连带责任担保；若对赌失败，家庭财富可能产生较大损失，从而对全家人生活造成影响。

（2）解决方案

设立家族信托来隔离部分家庭财富：一方面可保障家庭成员正常生活不受企业经营风险的影响，另一方面可留存部分财富防范事业风险，未来可东山再起。将家族部分合法财产置入家族信托，信托受益人为王先生夫妇的双方父母及女儿，五位受益人按比例划分信托受益权；赋予受益人申请信托利益分配的权利，主要为保障女儿学业与生活需求同时保障老人晚年生活；在设立家族信托时提供其资产来源的合法性证明与对外债务明细，则未来因企业经营问题出现财务危机而新增债权人时，不会影响家族信托的存续以及最初家族信托设立目标的实现。具体结构如图 5 所示。

图 5　企业风险隔离信托案例

资料来源：国家金融与发展实验室财富管理研究中心、五矿信托。

（3）适用群体

企业风险隔离信托适用于企业经营客户，担心后续因企业经营产生的连带债务风险，但要求客户设立家族信托的财产为其合理合法收入，且不存在恶意避债的情况。

三 家族成员保障信托

（1）客户情况

赵先生为某大型企业高管，常年往返于加拿大和北京；赵先生有两个姐妹照料父母，还有一个正在读研的儿子。赵先生希望能回馈姐妹、避免财产外流、保障儿子生活。

（2）解决方案

根据客户照顾家族成员的需求，可以将其姐姐、妹妹和儿子都列为受益人，但不同受益人的收益分配规则不同，两个姐妹在年满 60 岁之前每年可享有固定的信托利益，60 岁以后在固定信托利益之外，还可针对限定条件如大病、意外、赡养父母或子女教育的需要享有信托利益；赵先生儿子则享有剩余的信托受益权，可通过设置不同条件领取信托利益。具体结构如图 6 所示。

图 6 家族成员保障信托案例

资料来源：国家金融与发展实验室财富管理研究中心、五矿信托。

（3）适用群体

家族成员保障信托适用于家族成员众多，但根据家庭成员和其他家族成员需要照顾的程度不同，可设置不同的信托受益权类别，满足各自成员的需求。

四　隔代传承信托

（1）客户情况

李先生已经到了安度晚年的年纪，家中儿孙满堂，人丁兴旺。有一子一女，子女们生活富足，也都成婚组建了自己的家庭，无须过多考虑。李先生目前有一个孙子、一个孙女和一个外孙，尚且年幼，李先生想将财富留给孙子辈，作为他们成长道路上各个重要时间节点的奖励金，也因此给他们一些激励，希望他们成长无忧、学业有成、家庭幸福。

（2）解决方案

根据李先生的情况，信托受益人直接设定为三代的几个小孩，受托人按照信托合同约定，对信托财产进行投资管理，并根据三代成长情况灵活分配信托利益，主要是重要时间节点的设置，如根据不同年龄阶段调整定期生活金、生日礼金、学业礼金、创业奖励金、婚育礼金、医疗保障金、大额消费支持金的额度等。并根据李先生的需求，在家族信托中设定监察人的角色，对相关的分配条件进行确认，并对后续家族信托的运营管理进行变更完善以及监督。具体结构如图7所示。

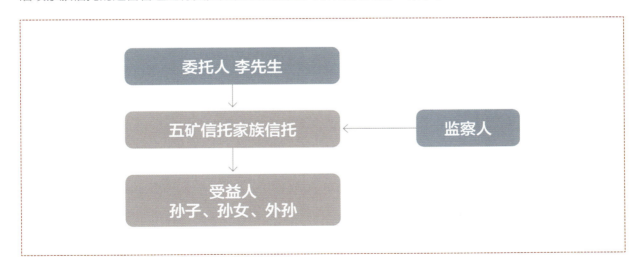

图 7　隔代传承信托案例

资料来源：国家金融与发展实验室财富管理研究中心、五矿信托。

（3）适用群体

隔代传承信托适用于二代家庭富足无须照顾，将财富传给三代；或二代事业平庸，将希望寄托给三代等情况，为尚且年幼的三代做好人生重要节点的财富支持。

五 家族慈善信托

（1）客户情况

张先生是知名企业家，事业有成，有四个孩子，都已成年。张先生热衷于慈善事业，希望能更多地回馈社会，同时做好家族财富规划的同时，将家族慈善精神延续下去。

（2）解决方案

根据张先生的需求，可以将家族信托和慈善信托相结合，四个子女作为家族信托受益人的同时，增加一个特殊的受益人——慈善信托，用部分收益捐赠，保障捐赠资金的持续性。同时，可设置由家族成员受益人及委托人组成的决策委员会，对子女在参与慈善过程中的表现予以激励和约束，既能提高受益人慈善参与度、增强家族成员凝聚力、传承家族精神财富，又能在家族信托中设置限制条款。具体结构如图8所示。

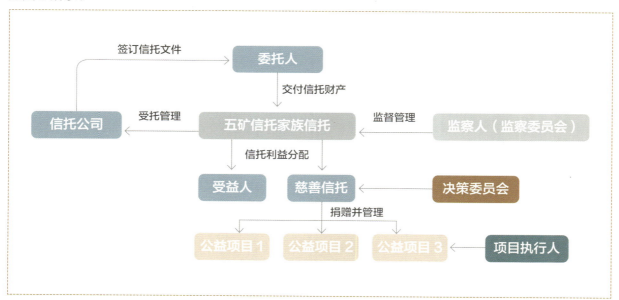

图 8 家族慈善信托案例

资料来源： 国家金融与发展实验室财富管理研究中心、五矿信托。

（3）适用群体

家族慈善信托适用于有意愿将家族财富和慈善精神延续下去的客户。随着我国 2016 年《慈善法》和 2017 年《慈善信托管理办法》的出台，慈善信托受到越来越多的关注，而我国高净值客户在完成企业交接之后，也更愿意参与慈善事业以回馈社会。除了单独设立慈善信托以外，将家族信托融入慈善需求也是未来的一个趋势。

六　股票信托

（1）客户情况

杨先生是某上市公司小股东，持有股份比例不超过 5%，不想真实减持但希望提前做好税收筹划，并将持有的股票作为资产传承给下一代。

（2）解决方案

根据杨先生的需求，需要设立股票家族信托，即为杨先生设计"现金—信托—股票—现金"的上市公司股票传承的家族信托架构。先为杨先生成立现金类家族信托，家族信托根据信托合同约定，通过大宗或者二级市场交易等额获得委托人相应股票，家族信托获得股票分红或者股票二次减持的现金后，按信托合同约定的分配方式向受益人分配股票红利。具体结构如图 9 所示。

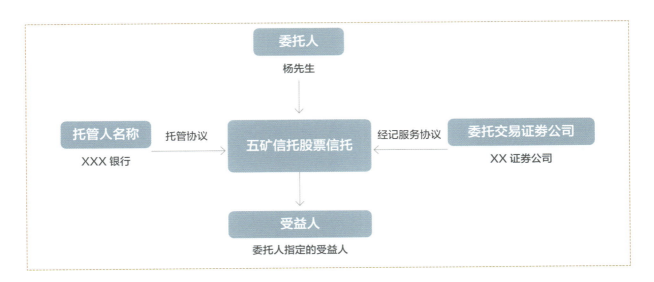

图 9 股票信托案例

资料来源：国家金融与发展实验室财富管理研究中心、五矿信托。

（3）适用群体

股票信托适用于客户持有上市公司股票，看好公司股价想长期持有，但又想享有目前的税收优惠政策，并将股票作为财产传承给后代，尤其适用于持股比例不超过 5% 的小股东。

专栏　FGT 信托

以美国的 FGT（Foreign Grantor Trust）为例来说明信托产品服务的特色创新案例。FGT可译为外国委托人信托，可以分解为外国信托和委托人信托两个概念。

首先，FGT 是美国的外国信托。 根据美国《税收条例》第 301.7701-7 条，一个信托如果能够同时满足法院测试（Court Test）和控制测试（Control Test）两项测试，那么它就是美国的国内信托，否则属于美国的外国信托。其中，法院测试是指美国境内的法院能够对该信托的管理实施主要的管辖；控制测试是指一个或一个以上的美国人有权控制该信托的所有重大决策。一个信托只有同时满足了上述两项测试，才构成美国税法上的国内信托。如果某信托不能通过其中任意一项测试，则属于美国的外国信托。

其次，FGT 是委托人信托。 为防止美国税务居民通过信托规避缴税义务，美国《国内税收法典》对穿透信托做出了规定。如果委托人（或实质所有人）保留着信托财产上的利益，或者仍然拥有对信托财产实际控制权，包括撤销、修改或终止信托，以及保留对信托财产或其收益的支配权，则该信托属于委托人信托。反之，则为非委托人信托。需要注意的是，委托人信托的实质是所有人通常是委托人，但也有例外，可以由委托人之外的人（如受益人）实施重大控制。

再次，FGT 是外国信托与委托人信托的融合体。 外国信托如果满足委托人信托的条件，例如外国信托是可撤销信托，或者委托人和（或）其配偶在委托人生前是唯一的受益人，那么该外国信托又属于委托人信托，从而构成外国委托人信托，即我们说的 FGT。外国信托如果不属于委托人信托，那么就属于外国非委托人信托（Foreign Non-Grantor Trust，简称FNGT）。FNGT 是美国税法下的独立纳税主体，对来源于美国境内的收入，须以外国人的身份申报所得税，且可能存在回溯税的问题。

FGT 融合了外国信托和委托人信托各自的优势，如果再设计成自由裁量权信托形式，可以赋予信托受托人非常灵活的权力，起到很好的税务筹划、信息保密及财富传承的效果。高净值人群如果存在跨国因素，想实现家族跨国财富的保护、分配及传承，尤其是税收筹划功能，FGT 是非常不错的选择工具。主要功能有三个。

第一，具有合理的税收筹划作用。在 FGT 下，信托收入、扣除额及抵免额都归因于信托的所有人，即信托收入相当于信托所有人的直接所得。也就是说，如果非美国税务居民（可称为外国委托人）设立了 FGT，则其在联邦所得税上的信托收入、扣除额及抵免额全部归因于外国委托人承担或享受。外国委托人仅对美国来源所得适用美国所得税（约 15%~30% 的预扣税率），如持有的美国境内不动产产生的租金收入，须以外国人身份申报所得税。对于美国境外资产及美国境外来源所得，不需要申报美国联邦所得税。

第二，实现家族财富的保护、分配与传承。美国 FGT 是高净值人群保护家族财富并进行分配和传承的利器，尤其当其具有国际化因素，如打算或已经在美国置业、移居美国等情形。突出体现在，装入 FGT 的财产，从委托人的固有财产中分离开来，委托人的债权人一般无法直接追索；委托人在生前可以享受信托利益，也可以对其去世后的资产管理、分配与传承做出长远规划，如要求受托人按照"里程碑法"引导家族成员成长，在家族成员因赌博等恶习负债时停止其受益权等。尤其重要的是，FGT 能够有效地规避美国烦琐的遗产认证程序，因为委托人去世时，装入 FGT 的财产并非其遗产范畴。

第三，保护家族财富的隐私。信托是委托人和受托人之间的协议安排，具有很强的私密性，除了受益人之外，其他人通常都无法知悉信托是否存在，更不用说知悉信托的具体内容了。对于财富家族来说，保护家族财富的隐私，防止媒体炒作或公众过分关注，也是很重要的需求。FGT 作为信托的一种类型，保密性自然是毋庸置疑。此外，美国未参加 CRS，在美国设立的信托及受益人信息等暂时不会被交换。

FGT 具有普通信托的所有优势，尤其是税收筹划、财富传承和信息保密等方面的优势更为突出。但与其他家族财富管理的工具一样，FGT 也存在一些局限性。

一则，存在被债权人追索的风险。FGT 通常是可撤销信托，或者虽然是不可撤销信托，但是委托人或其他人实质控制着信托财产，因此，其资产保护等功能偏弱，一些法院可能倾向于保护债权人，从而导致 FGT 财产被委托人的债权人所追及。

二则，税收优惠有一定局限。美国境内资产或美国来源所得，无法通过 FGT 享受税收优惠。FGT 持有美国境内资产，或取得美国来源所得，委托人或实质所有人须按照外国人身份报税，缴纳 15%~30% 的预提所得税。FGT 向美籍受益人分配美国境内资产（本金部分，包括现金、房产和有形资产等）时，将视为外国人赠与境内资产，扣除一定免税额后，需缴纳赠与税。

三则，存在委托人去世的风险。委托人去世后，FGT 在美国税法上将转化为 NGT，成为独立的应税实体（属于 FNGT 还是 USNGT，要看届时信托是否满足控制测试）。如届时信托属于 FNGT，则该信托将适用十分不利的税率，且如果受益人为美籍，信托的收益须于当年分配，否则将引发一系列不利的税务后果，包括溯税。如果届时信托属于 USNGT，则信托每年应就全球所得缴纳所得税，即信托持有的境外资产产生的境外所得也要缴纳所得税。为避免相关税费及申报麻烦，一般建议在委托人生前，尤其是重病时，根据当时家庭情况、财产状况，对信托架构做适当调整。

第三节 ▶ 保险金信托：从 1.0 到 2.0

为了满足财富保全和传承的需求，在目前整体经济发展趋缓的背景下，高净值人群正在寻求如何规避其现有财富可能会遭遇的风险。寿险是很多客户选择的财富保障方式。然而，单纯的人寿保险或者前述提到的家族信托都不能完全满足客户的需求。比如单纯的人寿保险在保险金再分配方面不如家族信托灵活，又或者人寿保险作为一个有现金价值的财产，可能会被列入投保人的清算资产而被投保人的债权人追偿。而家族信托设立门槛较高，或因非现金类资产交付成本较高，许多客户需要将至少 1000 万元现金作为信托资产交付于信托公司，使得一部分资金类资产比例低的高净值客户望而却步。

从国际经验来看，在海外流行并且成熟的保险金信托可在降低家族信托门槛的同时，满足客户对于保险金灵活分配的需求。保险金信托可以说是一种特殊类型的家族信托，即受托资产为保单。保险金信托最早诞生于 1886 年的英国，20 世纪初美国推出了不可撤销人寿保险金信托。1925 年，日本开始开展生命保险信托业务。在中国台湾地区，2001 年万通银行首先申请开展人寿保险信托业务。而在中国大陆，直到 2014 年才首次推出保险金信托业务，即信托公司作为保险金受益人[1]。

近十年，我国高净值人群数量及财富规模都在快速增长，传统的财富管理工具无法同时满足其人身保障以及财产保全、传承和增值的需求，赴香港买保险一直是个热门话题，保险金信托也常出现在境外财富管理工具的广告当中，国内高净值客户的财富传承需求催生保险金信托。而国内家族信托业务的发展也为保险金信托创造了条件，我国家族信托于 2012 年起步，从服务能力上为探索保险金信托业务奠定了基础。

我国保险金信托发展现状和特点有三个。

第一，业务增速较快。据不完全统计，从 2014 年保险金信托业务的推出到 2019 年底，已经有超过 1000 位客户设立了保险金信托，信托规模超过 50 亿元。从市场主体来看，参与的保险公司以信诚、友邦、招商信诺等外资保险公司为主，平安人寿、泰康人寿等近几年也在大力推进；参与的信托公司包括中信信托、外贸信托、平安信托、五矿信托等；参与的商业银行包括中国银行、建设银行、招商银行、光大银行、民生银行、浦发银行等，都为客户推介方。从产品来看，对接的保险产品主要是终身寿险和大额年金保险，有的保险公司甚至开发对接保险金信托的专属产品，一般为期缴型、身故保额在 500 万元以上的产品。

第二，业务模式多样。基于高净值客户的实际需求，国内部分信托公司已经开始积极和保险公司尝试保险金信托的模式。目前市场的保险金信托模式有两种：最为常见的一种是保险金信托业务 1.0 模式，即保险受益人的模式，这种模式下信托公司仅仅作为保险的受益人，进行保险金理赔后的投资管理及收益分配等工作；另一种为保险金信托业务 2.0 模式，即"保险投保人 + 保险受益人"的模式，这种模式下，信托公司作为领取保险金的受益人，同时作为保险投保人，通过信托专户支付保险费。

从发展规律来看，保险金信托业务 1.0 模式是保险金信托的起步阶段，相比传统的保险产品或者家族信托，1.0 模式的优势是信托接力保险，既有保险的杠杠作用降低家族信托门槛，又有信托的灵活分配功能。但信托公司在保单中的角色仅为保险受益人，对保单的控制力弱，信托成立至保险金赔付前，保单价值存在被认定为投保人财产被强制执行的风险，无法有效隔离委托人债务；另外在投保人和被保险人不是同一人的情况下，1.0 模式无法解决投保人提前身故的财富传承问题。2.0 模式可以很好地弥补这些不足，对保单的控制力较强，能够更好地实现资产隔离，同时解决保费来源及投保人身故后保单的归属问题。

第三，渠道竞争日益激烈。 参与保险金信托业务的各方机构诉求皆不相同，保险公司是为了促进保险产品的推广；商业银行是为了代理保险的销售以及大客户的综合性服务；信托公司和商业银行、保险公司相比，只能从信托端收费，因为业务收入较低且前期投入成本及精力较大，所以信托公司开展保险金信托业务更多的是为了丰富业务链条、增强客户黏性，从客户需求和合作渠道需求出发，提供全方位的财富管理服务。目前，根据经营策略不同，信托公司一般收取前期设立费和保险金赔付后的管理费，各家公司有所不同，一般设立费在 3 万 ~10 万元 / 单，管理费为 3‰ ~1%，部分信托公司还会收取 20% 的超额业绩。正因此，信托公司更有动力推广保险金信托业务 2.0 模式，可以有现金资产进入，对保单的控制权也更大。

同样，我国保险金信托业务发展中遇到的主要问题如下。

首先，认知仍存误区。 目前保险金信托作为一项较新的服务，其在广泛运用方面仍存在障碍，客户对保险金信托认知方面存在误区。保险金信托与一般的金融理财产品不同，其是保险与信托相结合的高附加值信托服务。很多客户还停留在买信托就是买理财的认识误区中，把保险金信托和普通集合信托理财产品混淆，认为购买保险金信托就意味着高收益。事实上无论是家族信托还是保险金信托，都不能被理解成理财产品，而是一项法律工具。

其次，服务能力欠缺。 保险金信托业务是保险业务和信托业务的跨界结合，对于从业人员而言，既要懂保险的风险隔离及测算赔付，也要懂信托的方案安排及后期管理，而无论是保险销售人员还是信托从业人员，能同时精通两项业务的并不多。对于信托公司的人员要求会更高，而即便开展家族信托业务较好的信托公司，对能够专门从事保险金信托业务的人员并不多。服务能力的欠缺很可能导致过分夸大保险金信托的风险隔离和税务筹划功能，而不去强调实现这些功能的前提，使得客户产生不必要的误解。同时，保险金信托对保险金理赔之后的运营管理要求更高，对于发展还处于前期阶段尚未跨越生命周期的保险金信托而言，无疑更是一个挑战。

最后，流程有待完善。 我国保险金信托业务无论是 1.0 模式还是 2.0 模式，都涉及将保单受益人变更成信托公司，但是在 1.0 模式下，仅仅变更受益人，来实现保险和信托的结合。受托人为了增加受托财产的确定性，通常会在信托合同以及和委托人、保险公司共同签署的三方协议中，约定委托人（投保人）放弃变更保单受益人等相关的权利，同时要求保险公司在保险合同发生变更事项时要经过受托人确认才可。但因为目前业务流程不够完善、操作不成熟，很多协议约定事项不完整，或者保险公司系统还处于初级阶段，无法及时完成反馈、确保合同变更信息的准确传递，从而加大信托合同无法正常履行的风险，影响保险金信托的持续发展。

作为本节的结束，我们给出保险金信托的一个具体案例。

（1）客户情况

肖女士为单亲妈妈，独自抚养年幼女儿，患有慢性病，家庭尚属宽裕，但担心身体状况突发意外影响女儿的生活来源，因此自己作为投保人买好了终身寿险的大额保单提前筹划。但肖女士希望能规避女儿年幼尚不具备管理大额保险金的问题，保险金能有序给到女儿，支持她的学业生活。

（2）解决方案

根据肖女士的情况，可以设立保险金信托，将保险的杠杆作用和信托的灵活分配功能相结合。将原先肖女士购买的终身寿险保单中的受益人变更为五矿信托，同时和五矿信托签订保险金信托合同，当发生保险项下理赔事故后，保险受益金将打到信托专户，受托人根据肖女士的定制化需求，在肖女士女儿每一个重要的人生节点给予支持。具体结构如图 10 所示。

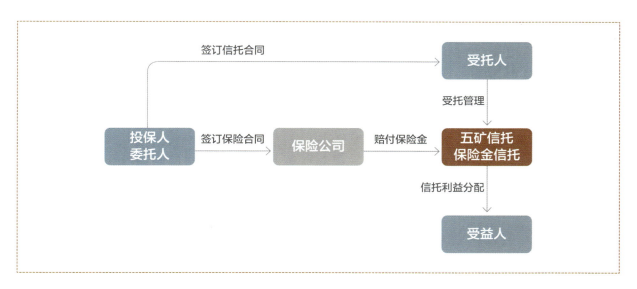

图 10 保险金信托案例

资料来源：国家金融与发展实验室财富管理研究中心、五矿信托。

（3）适用群体

保险金信托适用于已购有大额保单，希望能将保险受益金有序给到子女，防止子女挥霍；以及无法达到直接设立家族信托门槛的客户，可以通过保险金信托的形式，享有家族信托灵活分配、有序传承的功能。

2001 年《信托法》确立了信托财产的独立性，2019 年 11 月 14 日最高人民法院发布《全国法院民商事审判工作会议纪要》（以下简称《九民纪要》），再次强调了信托财产的"独立性"，《九民纪要》第 95 条明确提出信托财产"独立"于委托人、受托人的固有财产，亦非受益人的责任财产。

总体来看，国内家族信托服务受到监管部门的支持也具备法律基础，但相关的配套制度、法律法规仍须进一步完善。如家族信托设立、存续和分配阶段的税收问题未来有待进一步明确等。虽有"37 号文"作为政策支持，但并没有指导细则，各家金融机构的执行程度也不同。当然，从另一方面看，目前在主体框架确定、细则不明的情况下，也给很多机构开展家族信托服务提供了更多的创新发展空间，机构的创新实践和经验总结也将推动行业监管的进一步完善。

鉴于国内分业监管，在国内设立家族信托一般通过与持牌的信托公司合作来落地。以信托公司为例，据公开资料统计，在国内 68 家信托公司中，参与家族信托的机构数量由 2013 年的 6 家增加到 2019 年的超过 35 家，家族信托资产管理规模在 2019 年底超过 1000 亿元。受托资产类型从 2013 年的现金类资产拓展到 2019 年的以现金类资产为主，保单、股权、股票、不动产以及艺术品俱涉猎。未来，随着法律法规和税收制度的不断完善、信托登记制度的配套推出以及客户认识的不断加深，家族信托将呈现从业人员专业化、服务内容丰富化的发展趋势。[2]

趋势一：从业机构和人员将进一步细分

家族信托并不是一个产品，而是基于高净值客户家族财富保护和传承的综合规划服务，是各类财富风险管理的工具。从业机构是基于短期增量的类标准化理财产品思维，还是着眼于帮客户做好长期财富风险管理、助力家业长青等个性化服务的战略定位，都会在市场和客户的选择检验中优胜劣汰。我们有理由相信，坚持做真正意义的家族信托、有效搭建家族财富管理综合服务体系的机构将走得更远，更深层次地推动行业良性发展，也更符合监管机构"探索家族财富管理"的指导方向。另外，家族信托作为高净值客户名下所有财富的顶层设计，集各类财产的保护、管理和传承于一体，融合法律、税务、保险、投资、公司架构、基金会、慈善、财富管理和资产管理等多领域的综合知识，普遍被称为私人银行塔尖的服务，对从业人员的专业性、工作经验和阅历等要求很高。真正以匠人精神孜孜以求、精雕细琢为客户构建个性化家族信托的专业人士，将更易获得高净值客户的信任。

趋势二：从单一财产信托到多元财产信托

家族信托的受托财产已经从单一的现金类财产演变成现在的以现金为主，兼有保单、股权、股票、不动产、艺术品等多元化的受托财产。但因信托登记制度缺失，以股权、股票、不动产等非现金类资产设立家族信托仅能采取交易过户，成本较高。目前，各家机构也是在部分客户能接受税费成本的情况下去尝试推进，但无论是已经落地的股权信托还是不动产信托仅是个案，有其特殊性，尚不具备大规模推广复制的条件。但很多高净值客户的资产主要集中在股权和不动产上，随着信托登记制度和税收制度的不断完善，股权信托和不动产信托将是一片蓝海，尤其是境内上市公司股票信托。监管部门如能参考境外做法，允许上市前的股权结构中搭好大股东的家族信托结构，将会有助于上市公司股权稳定，避免上市公司大股东因婚姻问题、继承问题和家族纷争等引起的股权分割和股价下跌等情形。而保险金信托利用保费和保额之间的杠杆作用，极大程度地降低家族信托的门槛，可以覆盖更大面积的高净值客户，也可起到倍大信托财产的作用，传承更多财富给后代。在解决估值和保管的前提下，高净值客户收藏的艺术品传承需求也将通过合理的信托结构设计得到满足。对于部分客户提出的知识产权的传承需求，也将结合创新实践的知识产权类家族信托来落地。

趋势三：从生前信托到遗嘱信托

目前国内家族信托均是生前信托，即客户生前将财产交付给信托，并约定好传承分配安排。根据《信托法》的规定，他益信托的信托财产在我国不是遗产，可按信托约定的分配方式进行定向传承。部分高净值客户由于生前对财产的控制欲较强以及考虑过户成本等因素，也希望设立遗嘱信托。在海外，部分高净值客户确有通过遗嘱信托的方式将部分财产在身后放入信托进行传承。虽然我国《信托法》第13条指出"设立遗嘱信托，应当遵守继承法关于遗嘱的规定"，但在实践中，由于通过遗嘱来办理财产过户到信托存在很大不确定性，并且在委托人去世时，遗嘱内财产是否按遗产处理均存在一定的争议，因此目前国内还没有真正落地的遗嘱信托。未来相关配套政策支持到位后，家族信托可分为生前信托和遗嘱信托，以满足客户不同的传承需求。

趋势四：从家族信托延伸到家族慈善

随着我国2016年《慈善法》和2017年《慈善信托管理办法》的出台，慈善信托受到越来越多的关注，而我国高净值客户在完成企业交接之后，也更愿意参与慈善事业从而回馈社会。除了单独设立慈善信托以外，将家族信托融入慈善需求也是未来的一个趋势，即将慈善信托设置为家族信托的受益人之一，用部分收益捐赠，保障捐赠资金的持续性。同时，可设置由家族成员受益人组成的决策委员会，既能提高受益人慈善参与度、增强家族成员凝聚力、传承家族精神财富；又能在家族信托中设置限制条款，对子女在参与慈善过程中的表现予以激励和约束。此外，慈善信托和基金会两个财富规划工具的各种组合，满足客户各类慈善规划的需求，也将成为未来家族慈善的一个发展趋势。如慈善信托受托人主要作为信托财产的管理方，基金会主要作为慈善项目的管理方和执行方，同时通过基金会的法人资格为慈善捐赠开出税前抵扣的相关发票等。总之，家族慈善也需要专业的规划。

趋势五：从家族信托服务衍生升级为家族办公室服务

我国的超高净值客户绝大部分都是民营企业家，除了高净值客户个人的财富规划和传承以外，还有家族企业的传承、治理、投融资需求，以及家族事务管理需求。因此，基于家族信托服务衍生升级的家族办公室服务将更好地满足这些客户。包括以家族信托为主的家族财富管理和财富传承服务，以家族投行业务为主的家族企业投融资、上市、股权结构梳理、传承等服务，以家族使命、家族精神和价值观、家族治理和家族事务管理决策为主的家族宪章等配套体系的规划服务，以家族信托、慈善信托、基金会等工具结合的家族慈善规划服务等。家族办公室服务将更加紧密、全方位地关联客户，增强客户黏性，也为金融机构和客户之间提供多方面的触点。

趋势六：境内家族信托与境外家族信托的日趋融合

境内家族信托与境外家族信托的日趋融合主要体现在：一方面，境内家族信托和境外家族信托的很多规划理念和方法是共通的，通过境内家族信托专业机构围绕客户需求 7 年来的不断创新实践，很多境外家族信托的规划架构和思路在境内家族信托得到了体现和应用，甚至很多境内家族信托的创新思路也被境外家族信托借鉴；另一方面，涉及家族后代中已有移民到境外或成为境外税务居民身份的情况，往往也需要结合境内境外法律税务情况，综合考虑家族信托的合规合法传承安排。

趋势七：保险金信托在慈善领域的延伸

我国有大量家庭的子女不具备民事行为能力，社会上各个慈善组织在照顾这些家庭上付出了巨大的努力，但无论是人力还是物力都无法很好地支撑和覆盖。因此，像五矿信托已经开始在这方面进行探索，践行社会责任，通过"家庭自助 + 金融工具 + 慈善组织"的形式，希望能更好地照顾到这样一个群体，尤其是在这些无民事行为能力的子女监护人发生意外事件之后，仍能保障他们的基本生活。避免类似疫情期间，父亲因新型冠状病毒被隔离，无民事行为能力的孩子得不到照顾而离世的悲剧发生。特殊类型的保险金信托项目，充分利用保险的杠杆功能、保障功能以及信托的事务执行功能，并和慈善组织相结合，在回归信托本源的同时，放大慈善功能，照顾更多需要帮助的家庭。

可以预见，随着高净值人群的人数、财富规模以及财富传承需求继续增加，市场主体的参与热情不断高涨，保险金信托业务将迎来真正的发展高峰，因此，建立统一的规则显得尤为迫切。

（1）明确监管要求，避免制度真空

由于当前法律和政策的不明确，为促进保险金信托业务可持续发展，监管层应尽快出台相应的指导意见，避免不正当的利益输送：一是明确保险公司和信托公司在保险金信托业务中的权利义务，特别是可提供哪些服务、可收取哪些费用、应承担哪些责任；二是明确保险金信托业务规则，包括保险公司与信托公司间的信息互通，保单权益人的变更等；三是防范销售误导风险，保险金信托的优势在于资产的统筹规划和按照委托人的意愿传承，而不在于获得高额收益，应确保客户的知情权。

（2）形成监管合力，防范风险跨市场传导

保险金信托是一种新型的、较为复杂的金融工具，特别是在我国金融分业经营的大背景下，对保险业及信托业监管者都提出很大挑战。因此，需要在明确保险公司和信托公司双方法律关系的基础上，加强监管合作，实现有效的信息互通，进而防范跨市场风险传导。银监会和保监会的合并，有利于保险金信托业务的专项监管，可在银保监会下成立专项小组，实现更为高效的监管指导和风险防范。

（3）依托行业自律，建立操作规范

除了监管指导外，对于新兴业务，行业自律是更为重要的风险防范手段，通过建立操作指引规范保险公司和信托公司的行为：一是尽到解释说明义务，确保客户的知情权；二是完善保险公司与信托公司间的信息互通，确保在超长的合同履行期内，不会因保险合同或信托合同一方的变更或有别于预期的情形出现，影响另一方履约；三是明确作业标准，进一步梳理保险金信托涉及的业务环节，排除操作上的漏洞，例如除变更受益人，投保人是否还需放弃其他保单权益等。

注释：

1. 保监会办公厅：《保险监管参考》2017 年第 72 期（总第 997 期）。
2. 陈波、张凯：《境内家族信托发展的五大趋势》，《银行家》2019 年第 1 期。

SIX

▶ **第六章 慈善信托**

范氏义庄始于公元 1050 年，是中国慈善史上的典范，义庄机制也得以延续近千年，直至盛宣怀家族的愚斋义庄等。彼时，通过合理的机制设计和架构安排，义庄创立人可以将其部分财产尤其是义田等装入义庄，照顾族人和家人的婚丧嫁娶学等基本生活保障，通过登报等公开方式确立义庄的法律地位。作为新时代的义庄机制，目前的公益慈善信托机制已经有了制度保障，当然也还有进一步完善的空间，如政府部门需制定相关配套的行政法规以及明确政策交叉的模糊地带等。

第一节 ▶ 发展概述：从公益到慈善

慈善信托是指委托人基于慈善目的，依法将财产委托给受托人，由受托人按照委托人意愿以受托人名义进行管理处分、开展慈善活动的行为。慈善信托最早起源于英国，中世纪时期，大多数人会将自己的土地捐赠给教会，促进教会用于支持医疗、教育、济贫、宗教等方面的公益活动。12 世纪《没收法》的颁布禁止人们将土地捐赠给教会，为了继续践行信念，教徒将土地所有权转移给受托人，受托人在委托人去世之后按照其指定的目的进行管理，也就是所谓的用益制度。这也是信托制度最早的起源，可以看出，英国的公益信托先于"私益"信托而存在。

一 发展现状：规模 30 亿元

从国内公益信托的发展历程来看，1999 年我国颁布的《公益事业捐赠法》是国内首部关于慈善事业的法律文件，2001 年《信托法》的出台对公益信托的建立起到了基础性作用。然而，尽管 2001 年颁布的《信托法》第六章专章对公益信托做出规定，并明确提出"国家鼓励发展公益信托"，但公益信托发展缓慢，且以类公益信托为主，主要制约因素是公益信托审批复杂、公益事业管理机构不明确，税收优惠没有明确的法律基础，相关配套制度的不完善使得公益信托也无法破解非现金资产捐赠的困局。

2016 年 9 月 1 日，《慈善法》正式实施以来，信托公司和慈善组织都积极开展慈善信托业务。截至 2017 年 12 月底，共备案了 57 单慈善信托，财产总规模为 8.84 亿元。信托财产从资金信托拓展到非资金信托，操作模式也在不断创新。尤其是银监会、民政部在 2017 年 7 月 26 日联合印发《慈善信托管理办法》之后，我国慈善信托形成了以《信托法》为上位法、以《慈善法》为特别法、以《慈善信托管理办法》为实施规范的基本规则体系。随着监管制度的不断完善，慈善信托将展现更加强大的生命力。

此次新型冠状病毒肺炎肆虐全球，慈善信托作为慈善方式的另一种选择，也在抗击疫情及防控和以后的慈善捐赠中，贡献一份力量，不少机构和个人选择通过设立慈善信托的方式捐献爱心资金，帮助新型冠状病毒肺炎疫情的防控工作，救助由其造成的损害；信托财产使用方向包括但不限于向定点医疗机构、一线医务人员、志愿者、建筑劳务工人及公众发放防疫物资保障，抚恤病患死亡家属，疫情结束后用于医疗科研、应急救助等公共卫生事业等。

据全国慈善信息公开平台公示信息统计，2020 年第一季度新备案慈善信托 76 单，备案金额总计 12734.18 万元。截至 2020 年 3 月 31 日，全国备案慈善信托总数 351 单，资金规模 33.39 亿元。

二　监管政策：两个不足

《慈善法》对"慈善信托"专设一章，但没有具体的实施细则，实际操作中主要依据《关于做好慈善信托备案有关工作的通知》（民发〔2016〕151 号）。不同省区市的民政部门和受托机构对通知的执行尺度也不一样，因此实施以来效果并不理想。北京出台的《北京慈善信托管理办法》是全国首例地方性慈善信托管理文件，因此北京慈善信托的发展相对较快。《慈善信托管理办法》也是吸收了北京管理办法的很多内容，并在此基础上做了不少创新，进一步细化和明确了慈善信托的操作流程和具体政策。

总体来说，《慈善信托管理办法》共 9 章 65 条，涵盖了总则、慈善信托的设立、慈善信托的备案、慈善信托财产的管理和处分、慈善信托的变更和终止、促进措施、监督管理和信息公开、法律责任、附则等九个方面的内容。《慈善信托管理办法》的出台极大地鼓励了慈善信托的发展，基本思路是要将慈善信托打造成我国慈善事业的重要渠道，也给予各项政策鼓励，充分发挥信托公司和慈善组织在慈善信托中的作用。主要亮点有统一执行尺度、细化操作流程、利用比较优势、运作开放灵活、明确监管职责，但是对于慈善信托的税收优惠政策未具体说明，非现金资产的信托设立也没有详细指引。

第一，**慈善信托税收优惠尚未明确**。《慈善信托管理办法》的促进措施中明确了慈善信托的委托人、受托人和受益人按照国家有关规定享受税收优惠，但对于享受税收优惠的条件、方式等都未做具体规定。慈善信托从属于公益信托，并非公益法人，无论是信托本身还是受托人都不符合财政部、国家税务总局和民政部联合认证的"公益性捐赠税前扣除"资格，显然无法开具公益性捐赠票据，因此，捐赠人无法享受公益捐赠的税前扣除优惠。实际操作中，慈善信托的受托人采取与具备"公益性捐赠税前扣除"资格的慈善组织合作的模式，由慈善组织开具可抵扣所得税的公益性捐赠票据。但如此操作相对复杂、增加额外成本，而且可能引发不必要的法律风险。

第二，**非资金慈善信托仍存障碍**。《慈善信托管理办法》规定：资金信托，当事人应当委托商业银行担任保管人，并且依法开立慈善信托资金专户；非资金信托，当事人可以委托第三方进行保管。但对于非资金慈善信托的设立，并没有详细指引，多元化财产类型在慈善信托领域的适用产生了不确定性。

目前信托登记制度缺失，非现金资产的捐赠仅能采取交易性过户，成本高昂。慈善信托也无法破解非现金资产捐赠的困局。慈善信托涉及委托人、受托人、受益人等三方主体和两次财产转移，按照现行的流转税制，可能面临重复收税的问题。

三 税收政策：还需完善

慈善信托的税收问题涉及设立、运营和分配三个环节，因捐赠主体和财产类型的不同，相应的税收政策也不同。其中运营环节涉及慈善信托持有不动产应缴纳房产税等，信托财产投资缴纳的增值税因慈善信托不是纳税主体在实际执行中并不缴纳；分配环节中受益人因救济性质取得的款项无须缴纳个人所得税。因此慈善信托的税收主要是在设立环节。

根据《财政部 国家税务总局 民政部关于公益性捐赠税前扣除有关问题的通知》（财税〔2008〕160号）和《财政部 国家税务总局 民政部关于公益性捐赠税前扣除有关问题的补充通知》（财税〔2010〕45号）的规定，公益性捐赠税前扣除实行资格认证，由财政部、国家税务总局和民政部联合审核。企业或个人通过获得公益性捐赠税前扣除资格的，用于公益事业的捐赠支出，可以按规定进行所得税税前扣除。依照《企业所得税法》及《个人所得税法》规定，企业的捐赠支出在年度利润总额12%以内的部分，准予结转以后三年内再计算应纳税所得额时扣除；个人的捐赠支出未超过纳税人申报的纳税所得额 30% 的部分，准予在当月计算应纳税所得额时一次性扣除。

除了资金捐赠以外，常见的捐赠财产类型包括不动产和股权。以不动产设立慈善信托，目前并没有明确的税收规定。但在实际过程中很可能被认定为交易转让，需以不动产公允价值计算，缴纳个人所得税和企业所得税。以股权设立慈善信托，个人和企业差异较大。根据《财政部、国家税务总局关于公益股权捐赠企业所得税政策问题的通知》（财税〔2016〕45 号）的规定，企业捐赠股权可以历史成本为依据确定捐赠额，同时可享受一定的所得税扣除；个人捐赠股权也没有明确规定，实际操作可能需按照交易转让缴纳 20% 的个人所得税。除此之外，存在的主要问题还有：其一，如何进行股权评估，尤其是有限责任公司股权；其二，捐赠引发的股权转让问题，如捐赠的有效完成取决于转让的依法进行，不同性质的公司适用不同性质的转让规则；其三，受赠人成为公司股东后，如何行使股东权利，捐赠人持股模式如何设计，如何保留控制权以及相应的法律后果等问题。

第二节 ▶ 运作模式：从自我到协同

《慈善信托管理办法》充分考虑到不同受托人的优势，指出受托人可以由委托人确定其信赖的慈善组织或者信托公司担任。同时明确了多受托人模式，即慈善信托的受托人可以由慈善组织和信托公司共同担任。慈善组织在实施慈善项目、实现慈善目的上更有经验，信托公司在客户财产的保值增值上更加专业，委托人可根据自身需求，选择合适的受托人。

从《慈善法》出台之后成立的慈善信托中，主要是由信托公司担任受托人，小部分是由慈善组织担任受托人以及由慈善组织和信托公司共同担任受托人。尽管受托人以信托公司为主，但是大部分都是由信托公司和慈善组织合作运行。具体来说，有以下几种操作模式。

一是由信托公司担任受托人，慈善组织作为项目执行人。信托公司接受捐赠者委托设立慈善信托，聘请慈善组织作为项目的执行人，负责慈善项目的具体执行工作。这种模式的优势在于：第一，信托公司和慈善组织可以各尽所长，信托公司打理信托财产促进其保值增值、慈善组织负责慈善项目的筛选和执行；第二，避免了捐赠者将资金直接捐赠给基金会，因最低支出限制导致的捐赠资产缩水；第三，与具备"公益性捐赠税前扣除"资格的慈善组织合作，慈善组织能够开具可抵扣所得税的公益性捐赠票据。但是因为受托人的资金并非一次性支出，票据金额不能按照捐赠金额开具。

二是由慈善组织作为委托人，信托公司担任受托人。实际上是捐赠者将财产捐赠给慈善组织，并和慈善组织约定，由慈善组织作为委托人设立慈善信托。信托公司作为受托人按照慈善组织的意愿管理信托财产。此种模式的优势主要表现在：第一，具备"公益性捐赠税前扣除"资格的慈善组织开具可抵扣所得税的公益性捐赠票据；第二，同时由慈善组织募集资金可最大化程度地发挥其募集能力，通过设立慈善信托也能增加资金使用透明度；第三，信托公司资产管理能力更专业，能促使信托财产的保值增值。但捐赠人并非直接委托人，对于慈善信托的控制力相对较弱。

三是信托公司和慈善组织担任慈善信托的共同受托人。在双受托人的模式下，信托公司和慈善组织是平行的受托主体，都将与委托人签订合同，并根据信托合同明确分工和各自职责。此种模式的优势在于：第一，由慈善组织开具相关抵税的捐赠票据、进行公益项目的专项管理，信托公司进行信托财产的专户管理，双受托人的优势互补、权责分明；第二，委托人直接签订合同，对于慈善项目的执行有更大的控制权和监督权；第三，特定慈善领域的公益项目可以定制化实施，能更好地实现委托人的慈善目的。但是双受托人模式需在最初明确各自权责，可能会发生因合同未约定而双方受托人皆不作为的情形。

除此之外，还有捐赠人将财产捐赠给慈善组织，慈善组织作为委托人设立慈善信托，慈善信托再通过慈善组织执行具体慈善项目的创新模式。无论是哪一种模式，信托公司和慈善组织都有各自优势，慈善组织可向捐赠者开具抵税票据，信托公司有着更专业的资产管理能力。对于持续性公益项目，信托公司的加入将显得尤为重要。而具体模式的选择，将根据捐赠者的实际需求来制定。当下，慈善信托领域热议的焦点案例当属美的集团创始人何享健委托中信信托设立的慈善信托计划。

2017 年 7 月 25 日，美的集团创始人何享健在佛山市顺德区公布 60 亿元慈善捐赠计划。据了解，何享健将捐出其持有的 1 亿股美的集团股票，并将 20 亿元现金注入其担任荣誉主席的"广东省和的慈善基金会"，20 亿元现金捐赠中的 5 亿元将用于"顺德社区慈善信托"，另外 15 亿元用于涵盖精准扶贫、教育、医疗、养老、创新创业、文化传承及支持公益慈善事业发展等多个领域，包括分别向广东省慈善总会、佛山市慈善会、顺德区慈善会、北滘镇慈善会各捐赠 1 亿元现金，以及向何享健的家乡西滘村福利会捐赠 4000 万元现金。除了现金捐赠以外，何享健这次还选择"慈善信托 + 基金会"的双轨模式。其中的 1 亿股美的集团股票，将由美的控股有限公司作为委托人，设立一个永续的慈善信托，该慈善信托将在民政部门备案，计划由信托公司担任受托人，慈善信托财产及收益将全部用于支持公益慈善事业的发展。同时，推动"广东省德胜社区慈善基金会"和"顺德区创新创业公益基金会"成立（见图 1）。

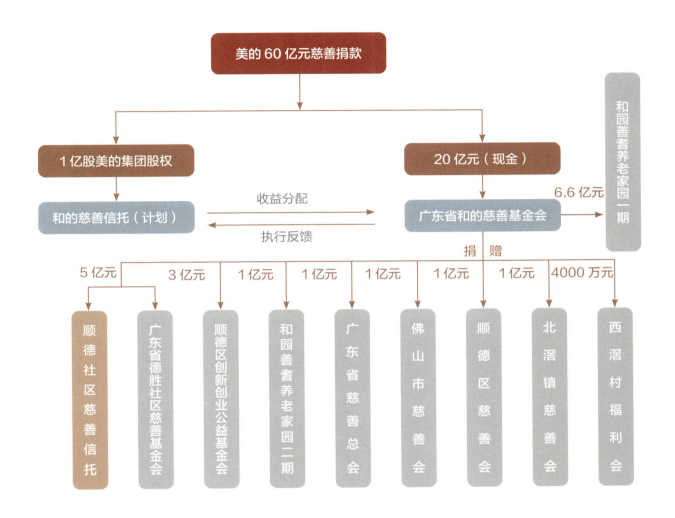

图 1　美的集团慈善捐赠组织架构

资料来源：课题组整理。

事实上，慈善信托或慈善基金会在传承家族财富的同时，也将传承家族精神。牛根生的老牛基金会在 2004 年成立，主要参与环境保护、文化教育、医疗卫生及救灾帮困等其他公益慈善事业。牛根生的儿子牛奔和女儿牛琼继承牛根生的公益慈善精神，以洛克菲勒基金会为样板，于 2015 年在国内成立一家第二代基金会——北京老牛兄妹公益基金会，该基金会旨在通过支持儿童成长和青年创业项目关注下一代发展，由创新慈善理念引领社会进步：一方面避免与老牛基金会业务范围的重叠，另一方面又满足牛氏家族"关注未来"的慈善"兴趣点"。

第三节 ▶ **未来展望：从服务到理念**

　　基于前述对我国慈善信托业务发展现状的概览，以及对操作模式和相关政策法规的分析，针对政府部门、监管部门和从业机构提出如下几点建议。

　　其一，对政府部门而言，重点在于制定相关配套的行政法规，明确政策交叉的模糊地带。《慈善信托管理办法》对税收优惠政策做了原则性的安排，但并没有明确慈善信托税收优惠的具体细则，当然，完全解决税收问题，也不是银保监会和民政部能够决定的，还需要和财政部、国家税务总局等部门加强联合，进一步推动税收优惠政策的落实。而非资金慈善信托的设立障碍主要源自信托登记制度和配套税收政策的缺失，因此完善信托登记制度也迫在眉睫。

　　其二，对监管部门而言，应重点培育客户的"信托文化"，规范行业发展，防范受托人风险。对于有捐赠意向的客户可加强"信托文化"的培养，慈善信托有着设立简便、运作灵活，委托人可保留相应决策权，规范透明化运作等特点，可构建可持续捐赠体系。同时，应明确受托人职责，强化慈善项目筛选执行能力和慈善信托运作情况的披露。

　　其三，对从业机构而言，无论是信托公司还是慈善组织，都应依托内外部优势，找准定位，构建具有自身优势的慈善信托发展模式。慈善组织无论是作为受托人还是项目执行人，都应具有良好的项目筛选和执行能力。而信托公司除了资产管理能力以外，也应不断强化合作者慈善组织的筛选判断能力。《慈善信托管理办法》的出台对信托公司慈善信托业务的发展也有极大的推进和鼓励作用。信托公司开展慈善信托业务可免计风险资本，免予认购信托业保障基金，利于监管评级。同时，对于目前无法打破非现金资产转入信托的困局，慈善信托未尝不是一个很好的突破口。

▶ **第七章　家族宪章**

宗祠、义田和家训构成古代家业治理的"审判机关"、物质财富和精神财富这三大支柱。作为新时代的家业治理支柱，家族宪章关注家业治理的框架性安排，兼顾金融与非金融服务，包括家族精神、家规家风和家业传承等，也是将原有家族碎片化的安排整合成综合解决方案的一种机制。同时，通过家族会议、家规家训和公司治理等家族宪章提供的功能来化解家族内外的矛盾或危机，李锦记家族的案例是一个典型。

第一节 ▶ 功能定位：精神和财富的传承

家族宪章，就是用于家族治理的纲领性文件，也是家族成员都需要遵守的规章制度，体现了家族和企业的核心价值以及家族成员所承载的使命，例如古代范仲淹的十三条"义庄规条"，又如现代的《李锦记"家族宪法"》、宁波华茂集团《徐氏家族共同协议》等。家族宪章旨在鼓励家族后代弘扬家族文化、传承家族精神、发展家族企业、合理享有财富。具体会根据家族精神、家规家风和家业传承三个方面，来确定家风家训、家族及企业治理方式、家族行为准则、家族财富传承规则、家族事务决策机制以及家族子女教育等多方面的内容。当然除了家族宪章以外，还会配套保险、信托、家族会议、家族活动、代持协议、家族办公室、遗嘱等相关工具。家族宪章在家族内部具有至高无上的地位，规范和调整着家族企业以及家族成员的行为，主要具有以下功能。

第一，**家族精神及家族文化的延续**。家族宪章是家族传承的核心，为家族企业、家族财富以及家族精神、家族文化指明了方向。而在实际中，最困难的不是家族财富的传承，所谓授之以鱼不如授之以渔，家族宪章也会给家族精神定下明确的基调，确定家风家训、回顾家史、梳理家谱，将家族的优良价值观及传统品质延续给下一代，实现家族薪火相传。

第二，家族成员行为的激励和约束。家族宪章最主要的内容即是对家族成员的各种规定，即"家规"。通过各种规定要求家族成员"有所为，有所不为"，规定具体鼓励之事及禁止行为，明确奖惩制度，甚至可以细化到每一个人生节点，如生老病死、婚丧嫁娶等，每一个节点都有相应规定，如生育、求学、创业的奖励，生病、置房的补助，对起诉血亲、家族成员矛盾的惩戒等。有的还提出更为具体的要求，如定期的家族会议、家族旅游等，以此增强家族成员之间的凝聚力。

第三，家族财富的风险隔离和传承。大多数家族企业都存在家族成员财富与企业资产混同、权属不清晰的问题。家族宪章可以为企业与家族成员个人资产提供风险隔离安排，避免财产流失。同时对配套使用的家族基金、家族信托或家族办公室等工具，对具体的投资管理甚至是后端的财富分配进行系统性指导，使财富与风险隔离的同时，得以高效配置、保值增值并实现有序传承。

第四，家族人才继任和家族企业治理。家族企业发展和延续最大的挑战即人才的继任问题，人才培养和继任需要长期系统的规划，家族宪章可以提供人才培养和企业治理计划，促进家族成员之间的交流沟通，让家族成员产生作为家族成员的约束感和仪式感，也为家族成员的成长奠定了基石。通过潜移默化的指导和影响，培养后代的企业家精神，同时可增设接班人选任制度，并加入职业经理人角色，共同服务家族企业。

每个家族的家族宪章都不尽相同，但都会包括以下三部分内容。

首先是家族精神。古今中外得以传承百年的大家族，都得益于家族精神以及家族文化的世代传承。仅仅依靠财富传承是远远不够的，只有家族精神得以延续，才能保证家族财富代代相传。家族精神主要通过编写家族历史、修建家族祠堂、编写家族宗谱、设计家族徽章等方式来实现。

家族历史	展现家族主要人物史，往往会包含家族奋斗史，追溯家族创始人的创富故事，可以激励后人，使其感怀家族财富来之不易，并产生传承的使命感。
家族祠堂	用来供奉家族先人，为家族最庄严肃穆之地，一般会配合家规来激励和惩戒后人。
家族宗谱	建立完整的家族宗谱，能追溯其家族根源；明确血亲、姻亲等家族人员范围，并规定作为家族成员的权利与义务。
家族徽章	作为家族精神、文化、凝聚力的象征，为家族精神的外化，增添仪式感，配合家族精神世代传承。

其次是家规家风。家风可以确立家族统一的价值观和愿景，是家族凝聚力的体现，也是家族发展壮大的动力。家规是具体的奖励与惩罚手段，两者结合可以实现传承家族精神的目标。家规家风主要通过召开家族会议、制定对家族成员的激励约束机制、执行家族委员会的决策、管理家族成员的婚姻关系以及安排与规划家族教育等措施来体现。

家族会议	固定频率的家族会议可为家庭成员提供一个有效沟通的平台，增进家族成员之间的相互了解，可以商议家族成员的发展规划、家族企业的发展规划等事宜。
激励约束机制	通过约定家族成员的激励约束机制，来明确相应的奖惩制度，如求学、创业、结婚、生育等事项会得到鼓励，而吸毒、犯罪、起诉血亲等事项会受到惩戒。
家族委员会	家族委员会是家族的权力机构，其职责包括修订家族宪章、确定家族成员资格、选举和更换家族委员会成员、制订家族成员发展计划、调解家族成员矛盾、确定家族投资及分配方案、执行家族公益事务、决定家族企业经营方针和决策执行投资计划等。
家族成员婚姻关系管理	家族成员的婚姻稳定关系到家族的长远发展，因此需要鼓励婚姻关系的和谐稳定和落实家族成员配偶的权利义务。
家族教育机制	教育是家族可持续发展的基石，有必要对后代求学及创业作出规定，确保每一位家庭成员接受良好的教育，需要重视培养家族成员的兴趣爱好以及开展家史教育。

最后是传承安排。传承包括家族财富传承、家族慈善传承以及家族企业传承。通过各项工具的运用实现家族财富的传承，可打破"富不过三代"的魔咒，通过公益事业的安排可实现家族慈善精神的传承，通过家族控股公司的股权结构设计、家族企业的治理可实现家族企业的传承。

家族财富传承	为实现家族成员利益的最大化，利用组合式的财富传承工具，如设立家族基金作为家族成员婚姻、教育、医疗、创业、从事公益活动的资金来源，设立家族信托隔离家族成员的财务风险，购买大额保单防范意外风险等。具体财富传承方式与工具的运用应当经家族委员会通过。

家族慈善传承	家族应致力于家族公益慈善事业的发展，鼓励家庭成员参与家族公益慈善活动，并将慈善融为家族精神的一部分，成为家族特有的精神文化财富。同时家族慈善教育也是家族成员教育不可或缺的一环。
家族企业传承	家族控股公司股权应采用适当的所有权架构（例如家族信托），以确保家族企业完整性，同时通过公司章程、议事规则等规定家族企业的运营、管理制度，确定家族成员接班计划以及职业经理人计划，来实现家族企业的有序传承。

　　家族宪章和相应配套文件是整个家族成员共同设计和认同的成果，凝聚了整个家族的心血。完成整套文件至少需要半年。很多家族为了让家族成员更好地理解家族宪章、增加家族成员的参与感与凝聚力，通常召开一个家族宪章发布会，增强仪式感，也为后续的落地实施奠定基础。家族自古有之，家族传承也是一个亘古不变的话题，而中国目前的家族企业，大部分是改革开放之后发展起来的，历史较短且面临很多新的挑战。但纵观中国以及海外历史上的家族传承安排，确有很多值得借鉴和学习的地方。因此我们要吐故纳新、兼容创新，和专业机构一起探索前行，助力中国现代家族的百年传承。

第二节 ▶ 典型案例：从争议到平稳

　　1888 年，广东省珠海南水镇人李锦裳先生发明蚝油，并创立"李锦记"。经历一百多年的发展，李锦记已成为家喻户晓的酱料品牌。李锦记的传承与发展并非一帆风顺，家族内部经过一番探索，通过设立家族委员会、改善家族成员关系、完善家族决议机制，才有了如今的千亿商业集团。20 世纪七八十年代，李锦记家族曾两次发生变动。创始人李锦裳在去世之前，将企业平分给三个儿子，但长子李兆荣无心管理，企业基本上由次子李兆登和幼子李兆南管理。李兆登负责对外联络市场营销，李兆南负责原料采购及生产，在家族第二代的努力下，技术不断改良，市场不断拓展，开始初具规模，然而第一次家族变动也由此发生。三兄弟在企业的发展方向上产生分歧，幼子李兆南想改变原本高端调味品的定位，开发中低端产品从而占领更大的市场，但李兆荣、李兆登较为保守，强烈反对。最终，李兆荣、李兆登离开香港，李兆南以 460 万港币收购了其他家族成员的股份。

　　李兆南有两个儿子，李文达和李文乐，还有六个女儿。李兆南退休后，企业由李文达继承。李文达邀请弟弟李文乐一起打理公司，并转让部分股份。李锦记此后推出的中低端产品很快走进千家万户，大获成功，李锦记蒸蒸日上。14 年后，兄弟两人发生矛盾，李文乐要求李文达收购其股份，却因要价太高而对簿公堂。最终庭外和解，李文达以 8000 万港币收购李文乐持有的全部 40% 的股权，此后李锦记陷入困境，发展停滞。

　　两次变动让李文达意识到家族成员之间沟通的重要性，因此在 2003 年创建了"李锦记家族学习与发展委员会"（以下简称"家族委员会"），是整个家族的最高决策机构，核心成员为李文达夫妇和五个子女共七人。家族委员会管理着李锦记集团、家族办公室、家族基金、家族培训中心以及家族投资公司，如图 1 所示。七位核心成员轮流牵头，每人任期两年，到期后家族委员会决议确定下一任人选。同时制定了《李锦记"家族宪法"》，定期召开家族会议，为家族成员的和谐相处以及家族企业的传承打下坚实的基础。

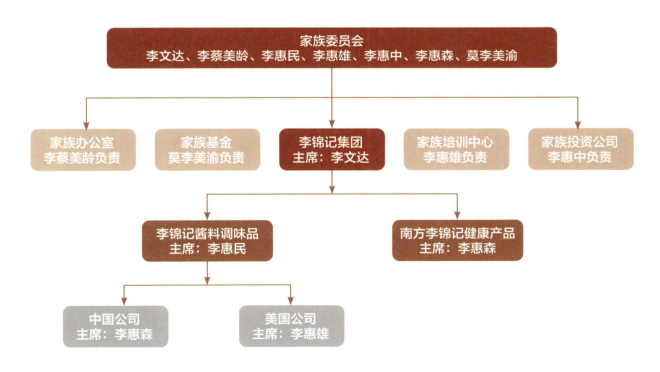

图 1　李锦记家族委员组织架构

资料来源：课题组整理。

　　近两年来，李锦记第四代兄妹五人一般会在召开家族委员会会议的头三天单独召开会议，会议的最后一天才请父母参加，为企业的平稳过渡做准备。目前的李锦记，第三代成员有两人，第四代有十人，第五代有十四人，总共二十六人。每个成员都是"家族议会"的成员，家族议会从属于家族委员会。李氏家族每年都开展家族旅游，二十六名家族成员全部参加。

　　李锦记家族委员会依据《李锦记"家族宪法"》处理各项家族事务，主要包括促进家族成员的沟通交流、梳理家族成员关系及内部事务、协调家族成员纷争、统一家族成员价值观以及决策家族重大事项等，和公司董事会相互配合，各司其职，为家族企业的良好运转奠定基础，避免因家族成员之间矛盾和分歧影响家族企业的发展。《李锦记"家族宪法"》中有几个方面尤为值得借鉴。

　　第一是家族会议。 李锦记家族会议每个季度召开一次，每次四天，全年共有十六天的家族会议时间。家族会议是给家族成员提供一个沟通交流的平台，同时可以很好地增进家族成员之间的感情。前三天由核心成员参加，主要讨论家族内部事务，包括家族规划及"家族宪法"的完善，最后一天家族成员全员参加，讨论家庭生活及子女教育等问题，家族会议不商议企业的经营和管理问题。另外会安排家族旅游，家族成员都会参加。

　　第二是家规家训。"家族宪法"中明确约定了"三不原则"：不能晚婚、不准离婚、不准有婚外情，如果有人离婚或发生婚外情，必须退出董事会；同时约定如果有人因个人原因退出董事会或公司，股份可以卖给公司，但仍然不离开家族，仍是家族委员会成员，参加家族会议。

　　第三是公司治理。"家族宪法"约定具有血缘关系的家族成员才能持有公司股份。下一代无论男女，只要具有血缘关系，就享有股份继承权，是否接手家族企业则可以自主选择，但进入家族企业须满足大学毕业且有外部公司 3~5 年工作经验、从基层做起以及胜任相应工作等条件。要求董事局要有非家族人士担任独立董事，酱料和保健品两大核心业务的主席必须是家族成员，集团董事长必须是家族成员，CEO 可以外聘。"家族宪法"的内容可根据家族发展不断完善，但修改需经过 75% 以上的家族委员会成员同意，一般事项超半数通过即可。李文达在经历了两次家族变动之后，深刻意识到家族和谐对家族企业发展以及家族财富传承的重要性，而家族委员会的设立无疑给李锦记的发展和传承奠定了坚实的基础。

第三节 ▶ 未来展望：从碎片到整体

　　我国民营企业家在改革开放中发展起来，如今改革开放已经走过了 41 个年头，第一代企业家经历了创富和守富的阶段，在企业交接传承时期，民企二代也正逐步登上历史舞台。企业家最关注的也从最初的创造更多财富变成如今的财富安全和财富传承。家族财富传承主要分为经营性财富以及非经营性财富的传承。经营性财富传承主要是家族企业的传承，家族企业的传承，无非是"传亲"和"传贤"两种方式，传亲方式是指经营权和所有权都由家族成员继承，传贤方式则是将企业经营权交给职业经理人。实际上两种方式并没有优劣之分，只是对不同的家族来说需要找到最为合适的传承方式和时机。而非经营性财富传承，则是既有房产、资金、保单、家族信托的家族财富传承，也有家族精神以及家族文化的传承，也只有家族精神的传承才能让后代子孙饮水思源，牢记家族的优良品质。要想同时实现经营性财富和非经营性财富的传承，会发现很难有一种工具能同时满足所有的需求，因此需要借助家族宪章，总领整个家族传承的原则和目标以及配套的方式和工具等。有了家族宪章整体的规划，再去利用各个工具实现，而不再是需要解决什么问题就通过碎片化的方式去实现。很多机构也会借此提供以家族宪章为核心的家族治理和家族企业治理相关服务。

▶ 第八章　创新服务

作为服务篇的最后一章，本章我们将介绍消费信托、艺术品信托、养老信托以及另类服务等创新。消费信托符合信托业务创新与转型的需要，信托公司在各个消费领域都有所探索，并以消费信托为基础延伸到其他链条。艺术品信托是信托公司拓展超高净值客户的利器，也能更好地满足家族客户艺术方面的需求，做好艺术综合权益服务、艺术品投资信托、家族艺术传承等都将是艺术品信托下一步发展的重点方向。养老信托作为老龄化时代的创新性业务之一，在为高净值人士提供专业财富管理服务、实现资产保值增值和风险隔离等功能的基础上，还能提供养老社区入住服务、各类养老医疗保障服务、失能失智后的监护服务、公墓殡葬临终关怀服务等全养老周期定制型一体化服务方案。其他诸如家族投行、家族康养、家族治理等另类服务，则可以更好地协助客户实现个人和家族的长期发展与治理目标。

第一节 ▶ 消费信托：从消费到生态

消费信托是指信托公司以"分担、共享"为核心理念的一种信托模式。消费信托从消费者需求出发，接受消费者的委托，通过甄选消费产品，向产业方进行集中采购，同时利用沉淀资金集中投资所获得超额收益，弥补产品运营成本，分担消费者的消费成本，从而让消费者获得高性价比的消费权益。消费信托是通过对产品运营和资金运用的监管，以达到保护消费者权益、实现消费权益增值的一种信托模式。

消费信托符合信托业务创新与转型的需要，目前多家信托公司已经发行了自己的消费信托产品。2014 年初，中信信托推出的"嘉丽泽国际健康岛消费信托项目"被认为是国内消费信托的起点，2014 年至 2015 年是消费信托创新较为活跃的一段时期。2016 年，在互联网金融监管趋严后，消费信托创新的势头有所减缓，但仍有新产品推出。2014 年以来，多家信托公司推出了不同领域的消费信托产品。比如，北京信托推出"养老消费 2014001 号集合资金信托计划"，西藏信托推出汽车消费信托"BMWX1 信托项目"及"普乐 3 号"教育信托产品，长安信托推出"中国电信消费信托"，中信信托与百度和中影股份联合推出"百发有戏"信托产品和旅游消费信托"一千零一夜"，新时代信托推出"启航 1 号"海外游学消费信托，等等。这些消费信托产品覆盖养老、旅游、电信、汽车、电影、教育及游学等多个消费领域。

市场中已发行的消费信托产品虽然形式多种多样，但仍属于信托公司试点产物，没能有效地将符合高端群体消费升级的产业端与消费端结合起来，所以普遍存在以下问题。第一，以纯消费目的为主，并未附加更多的权益服务。第二，产品投资门槛过低，导致业务规模小，信托公司盈利较少。第三，没有实现更强的客户聚拢效应。

如果想要把消费信托看作转型和创新的新增长点，就必须在未来的消费信托产品设计上解决这些问题，寻找更好的方向，设计出更适合的产品。未来，信托公司应该更明确消费信托产品功能定位。做消费信托不是为了赚钱，更是维系客户的一种手段。通过消费信托增强优质企业客户的黏性，通过其他合作获取收益。客户选择自己经常消费的公司进行投资，也会更有安全感。公司通过这种手段绑定客户，扩大销售基本面的同时降低了融资成本和还款压力。

虽然目前消费信托障碍重重，但是随着业务和技术的发展，很多问题都可以迎刃而解。金融是为实体企业服务的，不管后续的消费信托业务以怎样的形式呈现，消费场景都会是信托公司、消费品标的公司以及客户共同形成的消费信托生态圈。五矿信托正积极推进的艺术品消费信托、养老消费信托等不同领域的消费信托，都是通过附加完善各项权益服务来发挥客户聚拢效应，并延伸出艺术品投资、艺术品传承以及全周期养老服务方案。

第二节 ▶ 艺术品信托：从艺术到金融

2017 年的《艺术品银行业务发展研究报告》数据显示，"国内高收入阶层中有超过 20% 的人有收藏习惯，他们大约可将超过其财产 1% 的部分投入到艺术品收藏中。"从市场交易数据也可以看出，艺术品价格于 2013 年以来逐渐回归理性，市场热点从以往的著名画家画作向中青年艺术家转变。更多的收藏者希望购买既有欣赏价值又有较高性价比的画作。但是目前艺术品市场的交易模式主要为拍卖、艺术品展会销售或者线下私洽，较为单一。因为拍卖市场价格已经处于高位，而艺术品展会繁多，作品真假难辨，线下私洽途径较少，因此艺术品交易一直以来缺乏有效渠道，需要寻找一种方式撮合供求两端。

艺术品金融有七大形式：拍卖、质押、证券、保险、信托、基金和典当。在操作中，"确权"是首要的，紧接而来的是鉴定、评估、托管，最终实现变现。艺术品的确权、评估和估值已是公认的急需解决的重要环节。由于艺术品的生产过程是非透明的，非主创作者不能直接接触，所以确权尤为重要，在流转过程中追踪来源、确定艺术品在法律上没有瑕疵是非常重要的。对品质、真伪各方面做鉴定也同样重要，艺术品作为一种资产，其价值的衡量，需要有第三方机构进行规范评估。托管方面，艺术品作为可移动资产，风险较高，因此第三方托管是一个稳妥的选择。比如，热爱艺术品的雷曼兄弟，在历史上多次面临危机与破产，但在破产之前，罗伯特·雷曼以信托的方式将包括 20 世纪欧洲绘画、装饰品、瓷器、家具的 3000 件艺术藏品捐给大都会艺术博物馆，实现了对艺术品的保护。目前，国内出现了很多艺术保管库，通常专业的第三方平台才是最好的选择，因为艺术品在物流和监管上需要特殊的条件。

从海外信托和艺术品市场的发展来看，可以发现以下特点。

一是服务类型的信托是海外信托业的重要形态。 服务信托的发展有利于整个资产管理行业的繁荣，也有利于满足社会的多元化需求。

二是艺术品投资和消费相关的金融服务早已是司空见惯的现象。 从 20 世纪 80 年代后期开始，西方国家经济的迅速崛起带动了艺术品市场的繁荣，同时艺术品投资和消费逐渐成为财富管理的一部分。目前，艺术品投资与股票、房地产投资并列成为企业和家庭的三大财富管理方式，一般占企业和家庭总资产的 5%~25%。投资和消费艺术品，不仅抗风险，而且升值空间非常可观。艺术品与金融资本相结合的历史已有三四十年，产生了多种多样的艺术品金融形式，比如艺术品基金、艺术品质押贷款和艺术品租赁等。

三是超高净值的家族客户非常重视艺术品的投资管理和传承。 美国最显赫的家族之一洛克菲勒家族，就一直关注和重视艺术修养的培育以及艺术品的消费投资，家族六代人收藏各类艺术品 17 万件，收藏品价值上千亿美元，收藏了许多经典作品，甚至为此专门建立了与英国伦敦泰特美术馆、法国蓬皮杜艺术中心齐名的纽约现代艺术博物馆，并将这份艺术文化精神和作品一代又一代传承下去。

对高净值人群来说，单纯的理财产品已不能满足其日益增长的财富管理需求，加之 CRS 的落地，高净值客户会重新评估过往的资产管理方式与投资效益，寻求更优的资产配置与税务规划，妥善处理资产保全增值和家族财富传承事务。信托公司若能在此时就开始重视艺术权益服务架构的搭建，树立艺术品金融化的业务品牌，便能更好地为存续客户做好增值服务。同时还能吸引更多的关注艺术领域的高净值客户，丰富客户构成，拓宽资金来源。参考海外经验，艺术品信托将是信托公司发展超高净值客户的利器，也为今后能够全方位地满足家族客户艺术方面的需求，提前打下基础。

五矿信托发行的"艺享世家艺术品消费选择权集合信托"采用"财富管理＋消费选择权"模式，客户可以享有一系列的艺术综合权益服务和消费选择权。艺术权益分为五矿信托艺术财富俱乐部 VIP 会员活动、艺术进阶课程以及艺术体验活动三大板块，具体包括提供艺术品消费选择权、艺术市场行情与资讯推送、艺术策划及艺术资产管理咨询等 VIP 会员活动；以艺术鉴赏及艺术收藏为主题的线上线下课程；艺术衍生礼品发布、艺术讲座 / 沙龙、艺术家工作室参访、艺术展览 VIP 导览、艺术游学、家庭美育养成等艺术体验活动。艺术品消费信托不仅能撮合艺术品供求双方，还能通过精心设计的服务方案和精选的服务机构，有效帮助和引导高净值客户选择艺术品，同时有利于树立信托公司在艺术品金融化领域的品牌形象。

目前开展艺术品消费信托是五矿信托构建信托艺术服务生态链的第一步，重点是逐渐培养超高净值客户的艺术爱好、提高其艺术品欣赏能力、引导其关注艺术品消费和投资。第二步是激活家族信托客户艺术品资产，为高净值客户提供独有的家族艺术品资产管理方案，并开展艺术品投资信托、家族艺术传承信托、家族艺术品投资基金等业务，形成完整的艺术相关服务生态链，树立独特的、专业的、多元的财富管理品牌形象。

第三节 ▶ 养老信托：从黑发到银发

我国自人口加速老龄化以来，老龄人口规模变大、增速上升。据世界银行估计，2019 年我国 65 岁以上人口已占总人口的 11.5%，2035 年占比将突破 20%，将步入"超老龄化社会"，至 2050 年这一人口比例将高达 26.07%，即每 4 人中就有一位年龄超过 65 岁。随着我国人口的预期寿命不断增长，需要更多手段来应对长寿风险。老年人口高龄化会导致各种慢性疾病和失能失智多发。目前我国老年人口的阿尔茨海默病患病率约为 5.56%，2019 年我国阿尔茨海默病患者约为 891 万人，保守预计 2025 年或达 1100 万人。对于这部分老人，家庭养老将不足以提供基本的生活保障，对专业养老机构、护理服务将会产生大量需求。目前我国人口出生率为 11‰，按照国际通行标准，人口出生率 13‰~15‰为少子化；11‰~13‰为严重少子化；11‰以下为超少子化，我国正向超少子化阶段发展，未来代际抚养负担将会加重。与此同时，老年人空巢化也会进一步加剧。在少子化、空巢化加剧的大趋势下，劳动人口的赡养压力不断增大，也意味着对机构或社区养老的需求将会显著增加。

从养老服务供给层面看，一是养老机构良莠不齐，筛选难度较大。我国各类养老机构和设施 16.8 万个，不同的机构在运营能力、专业水平、服务品质方面相差较大。而目前中国的养老行业缺乏优质信息的媒介与桥梁，对于存在养老需求的老人和家庭而言，获取相关信息和服务的途径非常有限。老年人行动不便，前往各家养老机构逐一了解情况也是一项耗时耗力的活动。二是优质养老机构稀缺。我国养老服务体系仍存在较大缺口，养老机构，尤其是优质养老机构不足。2019 年，我国养老服务机构 34065 个，养老服务机构床位数 761.4 万张，平均每千名老龄人口养老床位数仅 33.3 张。养老床位相比 2012 年已有较大增幅，但 2016 年以来，随着老龄化问题加剧，千人养老床位数及千人养老机构床位供给远低于需求，仍不能完全满足我国人口老龄化的迫切需要。三是养老资源配置错位，利用率不足。不同养老机构品牌及资源差异大，营销团队专业能力有限，对外宣传渠道单一，除少量标杆项目外，养老机构在客户精准营销方面有所欠缺，导致床位空置率高，造成社会资源的浪费。四是养老服务相对单一，专业人才稀缺。在我国的老年人口高龄化趋势下，失智失能风险提升，而医疗、康复、护理类专业服务人才欠缺，导致专业化养老服务难以满足日益增长且多元化的养老需求。目前的养老机构能对失能、半失能老人提供专业护理和医疗的机构数量有限，有能力进行风险管控的机构更少，因此选择专业、可靠、经验丰富的优质养老机构变得格外重要。

2013 年以来，国家对于养老产业高度重视，出台多项支持政策。2019 年针对养老事业出台的各类政策有约 70 种，其中国务院出台了 3 种，可以体现国家对养老事业的高度重视。2019 年 11 月，中共中央、国务院发布的《国家积极应对人口老龄化中长期规划》中明确提出"健全以居家为基础、社区为依托、机构充分发展、医养有机结合的多层次养老服务体系，多渠道、多领域扩大适老产品和服务供给，提升产品和服务质量"。2020 年《政府工作报告》提出了诸如年底前继续免征中小微企业养老保险单位缴费、将发展养老服务和推动城镇老旧小区改造纳入扩大内需战略、确保按时足额发放养老金、上调养老金等重点工作目标，并进一步强调了"保障老年人合法权益"。此外，《民法典》完善了养老、继承等方面的法律，例如，适当扩大扶养人的范围，明确继承人以外的组织或者个人均可以成为扶养人，以满足养老形式多样化需求。

一方面是养老需求旺盛，另一方面是养老服务的供给不足。为解决高净值客户的养老需求，充分运用信托制度优势，发挥受托服务能力，助力老龄化社会问题的应对与改善，越来越多的信托公司开始布局养老领域。如五矿信托积极推进的"恒信世家"养老信托项目，充分发挥了信托制度灵活性等优势，在为高净值人群提供专业财富管理服务、设置个性化的分配方案、实现资产保值增值和风险隔离等功能的基础上，提供了养老社区入住服务（高端养老社区、旅居养老安排、专业护理服务等）、各类养老医疗保障服务（特约诊疗、健康档案、定制体检、海外就医等）、失能失智后意定监护服务（法律咨询服务、意定监护方案、意定监护组织服务以及意定监护办理等）、公墓殡葬临终关怀服务（墓地选择、追悼会、扫墓等）的全养老周期定制型一体化服务方案。信托在养老领域有其独特的优势，资产隔离的安全性、保护机制的完善性以及资产处置的多样性更加适应多样化的养老需求，加之信托机构是我国唯一能够横跨货币市场、资本市场和实业投资领域开展经营的金融机构，这对其在养老产业的投融资都有极大助力。

第四节 ▶ 另类服务：从单一到综合

2020 年 5 月 8 日，银保监会发布的《信托公司资金信托管理暂行办法（征求意见稿）》中首次界定了服务信托："服务信托业务，是指信托公司运用其在账户管理、财产独立、风险隔离等方面的制度优势和服务能力，为委托人提供除资产管理服务以外的资产流转，资金结算，财产监督、保障、传承、分配等受托服务的信托业务。"同时明确服务信托不属于资金信托，这也明确了家族信托的服务内涵，为家族信托业务的发展带来了新的机遇。

为更好地满足高净值客户多元化、全方位的财富管理与传承需求，除了上述家族信托、保险金信托、慈善信托、消费信托、艺术品信托、养老信托以及家族宪章等服务以外，各家金融机构也在不断拓展业务范围。如五矿信托的家族办公室业务依托家族信托架构，额外提供包括家族投行、家族治理、家族慈善、家族艺术、家族全球、家族康养在内的多项服务，协助客户实现个人和家族的长期发展与治理目标（见图 1）。

图 1　五矿信托家族办公室服务范围

家族信托

除了常规的以现金、保单作为受托财产设立家族信托外，非上市公司股权、上市公司股票、不动产、艺术品等多种形式的财产也可纳入家族信托，五矿信托家族办公室将针对委托人不同形式的资产，设计有针对性的方案，以满足委托人各类资产的管理和传承需求。

家族投行

家族投行主要包括家族基金、家族授信和投融资服务。家族基金利用五矿信托的平台优势，帮客户进行筛选并参与具有较强投资价值的项目；家族授信是给予优质家族企业相应的授信额度，盘活企业资产；投融资服务是梳理家族资产，优化家族企业资本结构，树立企业品牌。

家族康养

五矿信托家族康养服务除了提供养老社区入住服务、各类养老医疗保障服务、失能失智后意定监护服务、公墓殡葬等临终关怀服务的全养老周期定制型一体化养老信托服务方案外，同时给高净值客户提供定制体检、远程医疗、海外就医等高端康养服务。

家族艺术

除了以深化各项艺术权益为基础的艺术品消费信托以外，还可以激活客户艺术品资产，为高净值客户提供独有的家族艺术品资产管理方案，随之开展艺术品投资信托、家族艺术传承信托、家族艺术品投资基金等服务。

家族全球

　　随着高净值客户的全球化投资以及家族成员的全球身份规划需求增加，五矿信托利用集团优势及合作伙伴资源，为高净值客户及其家族成员提供海外财富结构搭建、资产配置以及产业投资机会，并根据家族成员的身份，对于不同国籍的受益人，完善其境内家族信托结构，减轻税务负担。

家族慈善

　　高净值客户个人或其企业都有相应的慈善诉求，该项服务可根据客户需求设立慈善信托，最大程度实现企业或家族慈善意愿。同时，利用五矿信托在慈善领域的资源和优势，提供相应的慈善项目，以供高净值客户及其子女参与，更好地实现家族精神传承。

家族治理

　　"家族宪法"的制定能够很好地帮助高净值客户实现家业治理及家族传承。而设计继承人接班计划的家族继承安排、促进家族成员和谐的家族关系管理以及提升家族成员素养及能力的家族教育则是配合"家族宪法"实现其家族治理功能的基石。

第四篇　制度篇

SYSTEM

NINE

▶ 第九章　监管体系 [1]

从 2008 年开始，中国信托业经历了数年的黄金发展期。信托业管理的资产规模快速增长，为投资人带来了丰厚的投资回报，给实体经济的发展提供了充分的资金支持，相应地也形成了日趋完善的信托业监管体系。不沦对信托主体的监督，还是对信托行为的监管，我国已建构了较为全面的监管法制框架，确立了相对完备的监管制度体系。

　　但不能否认的是，信托业监管依然存在许多不足和漏洞，在一定程度上导致了信托实践中的众多问题。如果不能反思并改革现有的信托业监管制度，我国信托业的未来发展依然会面临巨大的挑战，甚至有可能会引发信托业乃至金融行业的"系统性风险"。

　　在此背景下，有必要对我国信托业监管做一个整体性的反思。本章在对过往十年信托业监管体系发展进行回顾的基础上，思考现有监管制度存在的体系性不足和功能性缺陷，同时从理论角度对信托业监管应当处理的基本问题和重要关系加以全面阐释，最后对完善我国信托业监管制度提出建议。当然，这种反思与讨论可能更偏向于宏观架构，而不会过分纠结于微观制度细节。事实上，美国、欧盟对2008年金融危机以来的信托业（资产管理行业）的监管政策也在进行深刻反思，以期建构更有竞争性、更为现代化的监管政策体系。例如，美国监管机构为推动监管规则现代化，提出了如下原则性要求：对分散的监管规则进行整合，确保监管规则的整体性和协调性；推动产品法律规则和信息披露义务与全球标准的一致性；确保信托机构董事会履行监督职责；推动 ETF 法律规则的全面制定；认识到新监管规则的复杂性并给予充分的实施时间。在此背景下对信托业监管体系进行思考，有助于我国营商法治环境的优化，也有益于促进我国信托业更好地参与全球资产管理市场竞争。

第一节 ▶ 体系发展：多层次监管

　　信托业监管的结构体系和实施机制是经过长期发展形成的，并且总是需要根据信托业的实践作出调整。监管立法的完备、监管理念的更新、监管机制的优化也需要经历漫长的演变。事实上，当下比较法视野下相对成熟的信托业监管制度体系都经历了近百年的发展变迁。[2] 与信托法治发达国家的成熟监管制度相比，我国的信托业监管不够成熟，依然有很大的完善空间。但我国信托业发展起步较晚，监管机构在长期探索实践过程中已经取得了一定的成绩。尤其是在过去十年中，我国根据信托业快速发展的需要，完善了信托业监管制度体系，建立起了适合信托业发展的监管体系框架，完善了各项监管规章制度，成立了专门的"信托监管部"，丰富了以风险为本的监管方式和监管工具，强化了行业监管评价和行业分类监管，设立了信托业保障基金，推进了信托市场化风险处置工作机制，强化了信托业自律监管，形成了以监管部门为监管主体，以行业自律、市场约束、安全保障为补充的多层次、多维度的信托业风险防控体系。[3] 总的来说，信托业监管体系的创新发展主要体现在以下几个方面。

一是完善了信托监管立法，为信托业监管活动的开展提供了坚实的法律规范基础。在改革开放后的很长一段时间内，我国信托立法一直处于缺失状态，信托业监管长期缺乏明确的规范基础。[4] 2001年虽然颁布了《信托法》，但相关配套立法并不完善。[5] 在第六次信托业大整顿之后，监管机构认识到了监管立法的重要性，开始逐步制定一系列对信托业发展有重要影响的监管法律法规。其中，2007年修订颁布了《信托公司管理办法》和《信托公司集合资金信托计划管理办法》，2010年《信托公司净资本管理办法》出台。这三项规章是信托业监管中最重要的部门规章。此后，银监会又针对信托公司业务风险管理[6]和不同类型的信托业务制定了大量的监管文件，尤其是针对房地产信托、资本市场信托、银信合作信托、基础设施建设信托以及其他类型的创新信托业务（如资产证券化），确立了更有针对性的监管政策。这些监管法律法规的制定，将信托法基本原理在信托实践领域加以"具体化"和"实质化"，构建了信托业监管的基本规范体系，为监管执法的有序开展提供了法律依据。但需要注意的是，这些监管规范的法律位阶不高，多数规章制度并未上升到部门规章的形式，这也使得信托监管执法面临一系列实践难题。此外，这些监管文件多是针对信托投资领域和信托产品类型，而信托法制发达国家虽然也存在各类监管指引和规则，但多是针对信托公司（资管机构）的治理机制和经营行为。例如，英国监管机构制定的监管规则多体现在各类法规汇编中，包括《集合投资计划法规汇编》、《投资基金规范法规汇编》、《经营行为规范法规汇编》以及《高层管理安排、制度及控制》。

二是强化了行政监管执法。在过去十年中，信托公司在开展信托业务过程中存在很多违法行为。近年来监管机构逐渐加大了监管执法力度，对于从事违法行为的机构和个人强化了法律责任追究。本章统计了2009~2018年监管机构对41家信托公司作出的66个行政处罚案例，发现从行政处罚的数量和频率来看，2008~2015年监管机构并没有作出大量的行政处罚，仅有伊斯兰信托、重庆信托、北京信托在2009年受到过行政处罚。在我国信托业面临整体性危机、监管治理趋严背景下，监管机构从2015年开始对有违法违规行为的信托公司加大了处罚力度，2015年、2016年、2017年、2018年行政处罚案件数分别达到了7个、8个、23个、25个。就具体处罚措施而言，除了伊斯兰信托的行政处罚措施是吊销金融许可证之外，对其他信托公司的行政处罚措施主要是罚款，也包括责令限期改正、没收违法所得等。从行政处罚原因来看，主要包括销售推介违规、挪用信托财产、违反审慎经营规则、信息披露违规、违规使用信托财产、交易结构设计违规、关联交易违规、尽职调查不合规等。可以看出，最近几年信托业行政处罚的数量有所增长，在一定程度上体现了信托监管执法力度的加强。但从某种意义上来说，就信托公司管理的庞大资产规模及实践中频繁出现的违约情况来说，信托行政监管处罚的力度远远不够。这说明目前信托业监管执法并未达到理想状态，实践中很多潜在的违法违规行为可能并没有得到监管机构的调查和处罚。

　　三是对信托公司设立和信托产品设立实行严格的事前监管。在中国信托业经历了六次严格整顿之后，监管机构对信托公司的设立采取了严格的"牌照管制"制度。在过去十年当中，信托公司的数量几乎保持稳定（目前信托公司的数量为68家）。监管机构对信托公司的新设持严格的控制态度。同时，为了防范金融风险、保护投资者利益，监管机构对于信托产品尤其是集合资金信托计划产品的设立更是采取了严格的监管政策。[7] 在实践中，对于集合资金信托计划产品采取了单个产品逐一报告备案的监管形式，在监管机构没有备案通过的情况下，信托公司不得设立发行相应的信托产品。此外，为了贯彻宏观调控和防范风险，信托业监管机构甚至采取了更为行政化的监管调控手段。比如在一些特定的情形下，监管机构会直接叫停某些信托公司的一类具体业务。[8] 从防范风险的角度来说，这些监管措施或许有其合理性，但带有一定程度的行政化色彩，并没有严格贯彻市场化的监管政策逻辑，在一定程度上也违背了信托业监管应当坚持的基本法理。值得注意的是，由于中国的金融监管采取了分业监管模式，银保监会负责信托业监管。银保监会重点监管的是从事营业信托业务的信托公司，而对于那些本质上属于信托业务、应当适用信托法且属于信托监管机构监管的其他金融公司和金融业务，银保监会并没有全面加以监管。这也是理解过去十年中国信托业监管乃至整个资产管理行业监管需要注意的一个重要问题。[9]

第二节　问题剖析：深层且多维

　　虽然中国信托业监管取得了一些成就，但从过往十年的监管实践以及信托业发展所面临的现实挑战来看，信托业监管依然存在较多的深层次问题。这些问题反映了信托业监管具有理念性的错位、结构性的缺陷、功能性的障碍，在一定程度上影响了信托业的制度创新和深化发展，也充分说明了我国信托业监管法治的不够成熟。具体而言，这些问题主要表现在以下几个维度上。

　　一是监管立法相对滞后，基本监管立法缺失，缺乏一部规范调整信托业的《信托业法》。就既有信托业监管法律规范构成而言，《信托公司管理办法》《信托公司集合资金信托计划管理办法》《信托公司净资本管理办法》作为部门规章效力位阶较低，在监管执法过程中权威性不够，在司法实践中不能直接作为判定相关合同无效的法律依据，其他效力位阶更低的规范性文件内容较为复杂、体系有待完善。对于信托业监管而言，并没有从基本法律的层面解决信托监管机构的职责划分、监管权能、监管手段、法律责任等具体问题，这实际上不利于监管机构监管职权的有效行使，不能为监管机构的监管执法提供合理的指引和充分的约束，在实践中也引发了监管缺位、监管冲突、监管套利等问题。例如，对于本质上具有信托法律关系属性的创新金融产品（各类私募基金产品、互联网资管产品），监管机构在很长一段时间之内并未及时加以监管，导致了监管真空地带。银监会和证监会对同样具有信托产品属性的信托计划和资管计划曾经确立了不同的监管标准，有些机构利用监管标准的差异实施套利行为（如利用合格投资者条件、自然人投资者人数限制、净资本考核等方面的差异，采纳单一信托嵌套资管计划的操作模式，规避了集合资金信托计划产品较为严格的监管限制）。如果有统一的信托业立法，充分明确信托业监管的原则理念、实施机构、职责权限、责任机制等法治化要素，上述问题可能就不会发生。[10] 而从比较法的视角来看，各国信托业监管在"顶层立法"层面往往较为完善，对于信托业监管的主体、行为、产品、方式等往往有较为全面的界定，监管法律规则的体系性和权威性往往能够得到充分保障。以美国为例，虽然其信托业监管体系较为复杂，但基本建立在《投资公司法》和《投资顾问法》的立法框架之下。

二是过于偏重于事前准入监管，对于事中事后监管并没有给予充分的重视。过去十年中，监管机构偏重于信托公司和信托产品设立的监管并将其作为信托业监管的重点，希望通过对信托公司数量的控制和信托产品设立的审核来控制信托业风险。这种事前监管虽有一定积极意义，但本质上具有较强的行政化色彩，并不能从根本上防范信托业具体机构风险和系统性风险，因为其忽略了市场竞争机制对信托业发展的积极作用，对监管机构的监管能力也显得有些"自负"。事实上，监管机构也可能会受到"有限理性"的约束，也会面临"监管俘获"等现实问题。在事前监管上投入过多精力可能无法阻止违法违规行为。从国外信托业监管经验来看，监管立法通常给信托业机构的新设设置严格的条件，但只要符合法定条件，通常会核准设立。监管机构对信托机构和信托产品的设立不会采取严格的数量控制或直接干预。例如，美国的《投资公司法》和《投资顾问法》、英国的《金融服务与市场法》、新加坡的《证券期货条例》虽然对资产管理受托人的设立设置了严格条件，并规定了注册或核准手续，但监管机构对信托机构的新设并不施加数量限制。欧盟的《金融市场工具指令》《另类投资基金管理人指令》以及各成员国的监管法律规则对信托机构的设立也没有采取数量管控模式，符合条件的公司原则上均可成为基金管理人。[11] 在我国的监管体系中，监管机构在履行事前监管职责之后，对信托公司经营和信托产品存续过程中的各类违法违规问题却没有给予足够的重视，缺乏有效的事中事后监管机制。这就导致诸多风险都没有得到及时有效的监管，相关违法主体也没有被监管机构严厉追究法律责任。例如，信托公司与控股股东、实际控制人之间的不当关联交易问题（利益输送、内幕交易等），实际上损害了信托公司和信托投资人的利益，但在实践中却没有得到有效的约束和监管。有时信托产品存续过程当中出现了风险事项，信托公司未能进行及时的信息披露，也未采取有效的风险处置措施，在很多情形下监管机构对这些违法违规行为也没有加以充分监管。事中事后监管机制的不够完善影响了信托业监管的效果，实际上助长了信托业各类重大风险。从国外经验来看，事中事后监管才应当是信托业监管的重点，对信托公司经营过程中和信托产品存续过程中出现的违法违规问题，监管机构应当通过严格的执法机制追究不法行为主体的责任。

三是信托业监管执法机制不够完善，对不法行为主体的处罚力度有待加强。从上文的统计分析可以看出，在过去很长一段时间之内，信托业监管执法机制没能充分发挥功能，监管机构对信托公司作出的行政处罚数量不多，而实践中信托公司及其工作人员从事违法违规活动的情况却大量存在。监管处罚时间上的滞后、标准上的宽松在一定程度上导致了信托领域不法行为的低成本，使得信托监管不能切实发挥其制度功能。部分信托机构开展了大量违法违规的信托业务，风险因素不断累积，甚至在一定程度上影响了信托业的健康有序发展。近年来，在以信托业为核心的资产管理行业出现整体性危机的情况下，监管机构才逐渐加强监管执法，对信托公司开出了大量行政处罚"罚单"。可以说，信托业监管呈现出一定的"运动式执法"特征，监管执法依据、监管处罚标准、监管执法程序等要素亟待通过立法加以明确，成熟的监管执法机制尚需要较长时间才能形成。[12] 而就具体的行政处罚措施而言，现有行政监管处罚的力度远远不够（罚款数额相对较低），相对于违法行为主体的收益而言不成比例，并不能实现充分惩戒和预防。而从比较法视角来看，监管罚则是信托业立法的重要内容，近年来各个国家和地区更是加强了对信托公司违法行为的处罚力度。以我国台湾地区为例，2019 年监管机构修订了信托业处罚罚则，将最高罚款额提高到原来的四倍（从 900 万新台币提高到 3600 万新台币）。

四是信托业监管在一定程度上流于形式，未能充分贯彻实质性监管理念和功能性监管原则。在金融分业监管的逻辑下，信托业监管机构所关注的仅仅是对信托公司的监管，对于其他金融机构开展的、同样具有信托属性的业务却并未及时加以监管，对一些结构复杂、主体众多的嵌套型金融产品，没有重点关注信托公司是否切实履行受托人责任。监管机构固守"形式化"的机构监管思路，未能落实"实质化"的功能监管立场，不同监管机构之间缺乏合理的沟通协调机制，导致实践中存在大量监管空白和监管弱化现象。由于上述问题，信托业的潜在系统性风险要素并未得到充分的关注和监测，这也是导致过去几年中国资产管理行业发生整体性危机的一个重要因素。以商业银行和信托公司合作的银信合作业务为例，信托公司的主要任务是协助商业银行开展表外业务，通常不会严格遵循受托人信义义务要求管理处分信托财产。比如，对投资对象和投资方式不开展全面的尽职调查，在信托计划存续时不履行勤勉管理职责，在信托计划到期时依据所谓的"原状分配条款"将信托财产分配给受益人，却完全忽视了信托机构作为受托人应尽的基本职责。监管机构并没有充分遵循实质性监管、功能性监管的原则性要求，不对受托人信义义务履行情况加以严格监管，在一定程度上放任信托公司扮演"通道"角色。[13] 特别是对后来出现的"有限合伙＋单一信托"交易模式，监管机构没有依据实质性监管的理念识别这种复杂嵌套交易的本质，没有意识到信托公司法定信义义务标准并不能通过信托合同条款加以免除或放松，对于信托公司以所谓"通道"属性而意图免除自身受托人责任的行为并未严格追究法律责任。

五是监管机构具有强烈的"父爱主义"倾向。监管机构以信托业领域不出现风险事项为主要监管目标，对于实践中出现的新型风险往往有一定的监管顾虑，担心过于严格的监管会扼杀市场创新或引发系统风险。而一旦监管机构放松监管，违法违规的高风险业务就会迅速扩张，给监管带来更为严峻的挑战。[14] 过去十年间，信托公司为了维护品牌声誉、规避经营风险，往往采取"刚性兑付"的手段处置风险项目，而"刚性兑付"的资金多数可能来源于信托公司设立的"资金池"信托产品。"刚性兑付"虽然可能在短期内"隐匿"信托公司的经营风险，但如果信托公司问题项目过多且资金池"期限错配"问题严重，同时流动性风险管理机制不够完善，信托公司的总体风险就可能爆发，信托公司甚至有破产的可能。从信托法原理来看，"刚性兑付"和"资金池"均违反了信托财产独立性的要求，没有实现不同信托计划之间、信托计划财产同信托公司自身财产之间的严格隔离。但是对"刚性兑付"和"资金池"，监管机构在很长一段时间内并没有加以监管规范，在这些行为对信托业发展造成严重不利后果后才出台了一些监管政策。[15] 之所以出现这种情况，或许就在于监管机构的"父爱主义"，对于信托公司短期影响甚小、长远影响甚大的违法违规行为未能及时严加监管。就防范系统性风险的目的而言，必须拒绝监管"父爱主义"的影响。[16]

可以看出，在一些复杂实践问题的处理上，监管机构的做法背离了信托业监管应当贯彻的基本理念。信托业监管的不够深入、不够全面、不够主动，"放任"了信托业实践中相关疑难问题的发生，在一定程度上造成了当下信托业发展的困境。可以说，在肯定监管成就的同时，应当更多地认识到我国信托业监管所面临的挑战。

第三节 ▶ 理论反思：回归本源

要想彻底解决中国信托业监管所面临的诸多现实难题，就必须从理论上对信托业监管深入加以反思。要对信托制度功能以及信托法基本定位加以分析，才能明确信托监管的制度的中心或者发展方向。

首先，有必要反思信托制度的基本功能与信托法的法律属性。信托在当代社会本质上属于"受人之托，代人理财"的工具。为了充分地保护委托人和受益人的利益，信托法作出了一些特殊制度安排，使得受托人按照信托目的和信托文件的约定为信托受益人的利益最大化而管理处分信托财产。在诸多制度安排当中，有两个值得特别注意的地方。

一是信托财产的独立性。信托财产本身是独立于受托人的固有财产，独立于受托人管理的其他信托财产，当然也独立于信托委托人和信托受益人的其他财产。在任何情况下，信托财产都不得同上述其他形式的各种财产加以混同。[17] 基于信托财产独立性原则形成的信托当事人权利义务机制既保障了受托人独立管理处分信托财产的"自主性权限"，也为受益人权利的实现提供了完美的机制（受益人灵活的权益转让机制和对受托人的限制约束机制）。[18]

二是信托受托人的信义义务。信托受托人不得利用管理信托财产的机会为自己谋取不法利益，信托受托人必须忠实于委托人和受益人，必须忠实于信托目的。同时，信托受托人必须充分履行谨慎义务，勤勉尽责地对信托财产进行管理处分，使得信托财产的价值最大化，给信托受益人创造最多的信托利益。[19]这两个制度是信托法的核心原则，信托业监管也必须将其作为工作重心。[20]从英美法系国家的信托监管经验来看，多是通过制定受托人法来确保受托人严格履行信义义务并保障信托财产独立性的实现，典型立法如英国的《受托人法令》（Trustee Act）。

从我国以往信托业监管实践来看，监管重点并不在于落实信托受托人信义义务和信托财产独立性两大基本法则。监管机构的注意力偏重于信托受托人对信托财产的管理处分，特别是对信托财产的具体投资运用加以监管。从前文的分析可以看出，过去十年中，围绕信托财产的管理运用，监管机构密集地发布监管文件、制定监管政策。比如在房地产领域、基础设施建设领域、证券资本市场领域针对信托资金运用出台了较为丰富的监管措施。但从信托法的基本属性以及国外信托业监管实践来看，信托财产的投资方向、投资方式等要素本身不是信托业监管的重点。在一定程度上可以说，过去十年我国信托业监管出现了"本末倒置"的情况，应当重点监管的没有加以约束和限制，应当简化监管的却得到了突出和强化。对于实践中违背信托财产独立性要求的行为，比如"刚性兑付"和乱设"资金池"，监管机构并未及时加以监管；对于信托公司违反信义义务和谨慎义务的违法行为，监管机构也没有给予严格监管处罚。这与监管机构对信托法律关系的本质认识不够准确存在关系。正如有学者的批评："相比国际经验，中国资产管理行业部分领域基础法律关系的模糊成为行业发展的隐患。"[21]在今后监管制度优化过程中，必须转换信托业监管的重心，将受托人信义义务的贯彻、信托财产独立性的实现、受益人利益的保护作为信托业监管工作的核心任务。

其次，应该充分理解信托业监管所需贯彻的基本理念和需要处理好的基本关系。监管理念的更新是监管制度重构的"效能先导"，对于信托监管的理念和原则有深入的认知才能全面理解信托业监管体系的功能障碍和结构缺陷，才能有效厘清信托业监管边界并有效提升监管效能。这主要涉及对以下几对核心关系的处理。

一是市场与政府的关系。我国是一个从计划经济体制转轨到社会主义市场经济体制的国家。当下虽然社会主义市场经济体制已经基本确立，但依然面临一些机制性障碍和结构性难题。解决这些问题的关键就在于正确理解市场与政府的关系。经过四十多年的改革开放，对市场和政府的关系已经基本形成共识，即在资源的分配过程当中要坚持以市场机制为主、政府调控为辅，要让市场机制发挥决定性作用，政府监管属于保障市场经济有效运行的辅助手段。在信托业监管过程中，应当同样坚持这一市场经济体制的基本理念，对能够交给市场治理的都交给市场。在信托业发展过程中必须完善市场体系、强化竞争机制，通过市场机制去引导市场资源的配置。只有当市场机制存在缺陷的时候，政府才有必要进行监管干预。在这种背景下，信托业监管机构应当明确自身的基本职责，不应当曲解市场与政府的基本关系，不应当逾越市场经济的制度框架，对本应当由市场机制调节的事项加以监管干预，而对应由政府监管治理的事项却置之不理。[22] 因此，应在信托业领域完善市场体系、发挥市场竞争功能，大胆地向市场放权，适当调整信托公司的准入标准和审核机制，让更多的信托公司通过自由竞争优胜劣汰，也使得投资者能够通过竞争机制选择更好的受托机构为自身服务。同时，对于市场机制本身不能解决的问题，尤其是资产管理市场所存在信息不对称、竞争不充分、预期不确定、风险传染性、危机破坏性等痼疾，监管机构应当及时介入，弥补市场机制的不足和缺陷，切实有效地推动信托业的健康发展。但值得注意的是，信托业监管机构对市场主体和市场行为的干预调控必须符合"比例原则"，不能因为过度介入而导致"监管异化"。

　　二是局部风险与系统性风险的关系。 信托业监管的重心在于防范系统性风险，这是由系统性风险本身的特性决定的。在信托业监管过程当中，必须始终强化对系统性风险的防范与调控，完善宏观审慎监管框架。从近年来各国金融监管的实践来看，防范系统性风险是金融监管的重中之重，各国金融监管机构均根据系统性风险防范的需要确立了新的监管体系和监管手段（宏观审慎压力测试、流动性压力测试、杠杆比例限制、强化信息披露等）。[23] 当然，系统性风险也是由局部风险累积而成的，以英国为代表的"双峰监管模式"实际上也是强调"宏观审慎监管"和"微观审慎监管"的结合，在强化系统性风险防范的同时也关注金融机构具体经营风险的影响，我国信托业监管过程当中同样必须重视局部风险的防范和处置。[24] 但是，不能"曲解"风险的防范机制，不能一味地忽略局部风险。当信托公司出现风险的时候，信托业监管重点应当是对从事不法行为的主体严肃追究相应法律责任，而不应当默许信托公司掩盖具体风险；当特定的信托公司因为风险的累积而破产时，也不应当加以阻止。从风险防范角度来讲，只要完善了投资者保护、困境救济、破产重整等制度，具体机构的风险、具体产品的风险并不必然引发系统性风险。在以往的监管实践当中，信托业监管机构偏重于局部风险的防范，在具体机构、具体产品出现风险的时候，往往放任这些机构通过"刚性兑付"方式来化解风险。而对系统性风险的防范，尚没有建立完善的监控制度和处置机制，这是信托业监管体系的一个缺陷。未来的信托业监管必须转变监管理念、调整制度构成，强调以防范系统性风险为核心，在局部风险问题上应当转变监管立场并完善相应的处置机制。

　　三是机构性监管与功能性监管的关系。 从现代金融业监管发展趋势来看，功能性监管已经得到了高度重视。只有充分强调功能性监管的原则，强化运用实质性监管、穿透性监管等方法，才能全面及时控制金融体系中存在的各类系统性风险。例如，近年来日本金融监管机构 JFSA 就实现了从机构性监管（Entity-based regulation）向功能性监管（Function-based regulation）的转型，强化了"跨领域监管"原则，对于具有同样功能属性和风险特征的金融产品加以一致性监管。对于中国信托业监管而言，也必须强化功能性监管原则，将所有具有信托关系属性的金融产品和开展信托业务的金融机构都纳入信托业监管。监管机构必须对它们施加全面的、及时的、动态的监管。但是，具体监管职责还是要通过特定的监管机构来完成，特别是在复杂的金融监管体系下由一个核心监管机构统筹所有的辅助监管机构，建立起功能协调、机制完备的回应性监管体系。如欧盟在最新一轮金融监管改革中所讨论的，必须强化欧洲证券与市场管理局（ESMA）在资产管理行业监管中的地位，让其监管举措具有决定性意义。可以说，功能性监管和机构性监管之间并不矛盾，信托业的监管制度设计必须将两者有效融合。在我国过去的金融分业监管下，信托业监管主要是由银监会完成，但实际上证监会、保监会等监管机构也曾履行监管职责。在不同类型信托产品的具体监管上，这些监管机构并未遵循功能性监管原则来设计监管标准、建构监管体系，这也导致了实践中监管冲突、监管真空、监管套利等现象，以至于后来引发了资产管理行业的严重问题。[25] 在这种背景下，应当意识到功能性监管的重要性，必须通过适当的机制设计使功能性监管原则能够得到全面贯彻，特别是对既有的机构性监管体系进行改革创新，使得实质性监管、动态性监管、穿透性监管等方法能够得到合理的运用。[26]

四是要克服监管科层制、监管俘获等问题。导致金融监管失灵的因素往往还包括监管制度设计不合理、监管机构被俘获等，特别是监管机构容易受到监管对象的"不当干预"，从而影响监管执法的独立性和公正性。我国信托业监管制度设计特别是监管机构的安排依然遵循了行政科层制的基本原则。此前对于信托公司的监管而言，除了少数归银监会直接监管的信托公司，其他大多数信托公司由地方银监局加以监管。由于我国信托公司的独特历史属性（部分公司是国有企业或地方国资委为大股东），它们往往与属地银监局等监管机构有着天然的亲近关系。地方监管机构对信托公司的违法违规问题可能"有选择性地"加以监管，导致监管深度和监管力度均有所不足。在一些特殊情形下，监管机构的工作人员在工作一段时间后可直接到信托公司担任高管。这种科层制的监管制度设计和信托公司的独特属性，很可能导致监管俘获现象，从而损害监管的权威性。从这个角度来讲，应当克服科层制监管权限分配体系的弊端，将对信托业的监管权限集中于银保监会层面或实施去行政地域化，确保监管机构监管权力的高效行使和公正运用。[27]

第四节 ▶ 制度完善：任重而道远

中国信托业监管体系的重构任务艰巨而复杂，所涉及的问题均属于根本性、制度性的问题。可以预见的是，信托业监管体系的重构必然要经历较长时间、牵涉很多因素。监管机构可以充分借鉴国外经验，丰富监管工具、提升监管效能、优化监管制度。但就当下信托业监管所面临的重大挑战而言，应当在以下几个方面重点探索信托业监管制度体系完善的方向。

第一，需要解决基本监管立法缺失问题，也就是通过制定《信托业法》明确信托业监管所需要处理的一些基本问题。当下信托业监管存在的难点问题，根源在于信托业基本监管立法的缺失。只有通过制定《信托业法》，才能从根本上化解信托业发展所面临的结构性挑战和信托业监管的深层次难题。[28] 在未来的信托业立法当中，应当充分参照日本、韩国、我国台湾地区的信托业法立法经验，[29] 对于信托业监管的基本原则、实施机构、监管范围、监管权力、监管程序、监管处罚等基本问题作出明确的限定，使得信托业监管的方向、路径、程序、执行等问题都有基本的规定，确保信托业监管能够纳入法治化的轨道。[30] 国务院法制办已经组织相关机构起草《信托公司条例》，在发布的征求意见稿中，对信托公司的治理机制、产品登记、资本约束、分类经营、恢复处置、监管评价、行业稳定、社会责任等问题都进行了详尽的规定。但这一条例草案是以原有的《信托公司管理办法》为蓝本，规范的对象还是传统的信托公司，而不是按照信托法的基本逻辑和信托监管的基本原则去对所有类型的信托产品和信托机构加以监管。可以说，这种立法理念或者立法逻辑还存在不足。立法机构需改变传统立场，着眼于整个信托业发展和信托业监管的实际情况制定《信托业法》，对于既有的信托业监管法律规范加以反思，并将前文提到的系统性风险防范、功能性监管原则、实质性监管方法运用等内容均纳入立法框架中。同时，将信托业立法提升到基本民商事立法的层面，使其在当下民商事法律体系中占据更高的效力位阶，充分保障信托业监管执法的权威信和严肃性。[31] 当然，这一工作有待理论界和实务界进行深入研究，也有待于立法机构妥当运用立法技术促进相关立法目标的实现。[32]

第二，要强化事中事后监管，事中监管以信息披露的强化为原则，事后监管则以监管处罚的强化为路径。在事中监管层面，必须进一步强化信托机构和信托产品的信息披露，着力改变信托受益人与信托受托人"信息不对称"的局面，使得信托受托人管理处分信托财产的情况"充分透明"。信息披露是信托经营机构应当承担的法定义务，是信托委托人和受益人了解信托公司运营情况和信托产品存续情况的基本路径。事实上，信息披露责任的强化是近年来欧盟投资基金监管的主要特征。2004 年《金融工具市场指令》要求管理人披露自身情况、金融工具性质、投资风险、管理报酬、运营成本等要素；2011 年《另类基金管理人指令》第四章和第五章对于信息披露义务作出了详尽规定，管理人需要将基金的投资组合、风险敞口、杠杆比例、管理报酬、流动性、风险管理等要素定期加以披露。"透明性要求"可谓上述指令的核心内容。而在美国的证券法体系下，强制信息披露也是《投资公司法》和《投资顾问法》所确立的长期监管重点，也是投资公司需要履行的"首要义务"。因此，一方面必须通过立法强化信托机构和信托产品的信息披露义务，要求信息披露必须遵循真实性、完整性、准确性的原则，强化定期报告和临时报告的信息披露要求，对于违反这些要求的信托机构必须严格追究法律责任[33]；另一方面必须赋予信托委托人和信托受益人更为充分的知情权，使得他们能够通过及时行使知情权的方式，了解信托产品的存续情况和信托主体的运营情况。这也是由商业信托本身的制度属性所决定的，因为信托财产管理处分行为通常是由专业受托人加以开展，对一般投资者而言，很难通过简单的信息披露了解信托公司和信托产品的真实情况，在特定的条件下应当赋予信托受益人去查阅信托文件的权利，使其更好地了解信托产品和信托公司的实际情况。在事后监管方面，必须强化对信托公司管理处分信托财产行为的监管，对于信托公司从事的不法行为，需要加强追究法律责任并加大行政处罚力度。从比较法维度来看，监管机构是否具有强大的行政执法能力，对信托行业的监管发展至关重要。通过严格的行政监管处罚实现对信托机构运营和信托资产管理的"实质性监管"，是约束信托公司不法行为、防范信托行业系统风险的重要保障。在当下我国信托业行政监管执法机制不够完善的情况下，监管机构应当被赋予更大的监管执法权限和更多的监管执法手段，使其能够根据实践需要灵活地运用各种手段，特别是通过符合比例性原则要求的行政处罚措施，形成有效的约束和威慑，使得各机构能够按照信托法的基本要求履行自己的信义义务。近年来发展的新趋势是逐渐强化信托从业人员的个体责任。英国、新加坡、澳大利亚等国要求信托从业人员对其不当管理行为承担相应法律责任。当然，这需要信托业立法明确监管机构的执法权限和处罚措施，确保信托业监管的"公共执法机制"有效。在这个方面，日本、韩国、我国台湾地区的信托业法和欧盟的《另类投资基金管理人指令》都是较为值得参考的成熟经验。

　　第三，强化实质性监管、动态性监管、穿透性监管等方法的运用，运用金融科技工具创新监管方式，有效落实功能性监管原则。 随着金融创新，信托机构可能会推出越来越多的创新型信托产品，如果固守于传统的监管理念和监管方法，很难发现这些创新型信托产品背后复杂的风险要素以及利益关系。在这种背景下，对金融产品的监管识别应当采取实质主义立场而非形式主义立场，将本质上具有信托法律关系、应由信托法调整的金融产品均纳入信托业监管范畴。监管机构不应当拘泥于机构监管的思路，而应当充分地扩展自身监管执法权限，将横跨不同金融领域、归属于差异监管范畴的信托机构和信托产品加以全面的监管。在这个基础上克服监管推诿、监管冲突等弊病，加强监管机构之间的协调，确保监管权力能够实现全覆盖。[34] 应当合理地运用动态性监管的方法，对创新型信托产品背后涉及的主体、牵涉的利益进行全面的分析，对信托产品的销售推介、存续管理、风险处置、兑付清算等进行全过程监管，特别是当特定主体企图以合法形式实现非法目的的时候，必须合理运用穿透性监管方法，识别信托产品的投资主体、底层资产、主观目的、信息披露等要素并纳入信托法以及其他监管法律法规的框架中，在此基础上判断相应合同的法律效力、确定相关主体的法律责任。[35] 为了顺利实现上述监管目的，监管机构也有必要充分运用金融科技工具，提升监管效率，充分回应资管行业广泛运用的分布式记账技术、智能投顾、大数据分析等新技术手段。事实上，随着金融监管科技的发展，各国监管机构已经普遍运用大数据、区块链、人工智能等技术实现了对资管行业的监管。例如，卢森堡已经开发了人工智能监管系统，用于监测资管机构的交易数据和进行风险管理。法国在2019年开发了新的"资产管理信息系统"（BIO3）以改进信息披露体系。美国证监会已经将大数据分析技术用于监管资管机构。

　　要实现以上目标可能需要从立法层面着手。[36] 这也体现了信托业监管转型的整体性和艰巨性。正如英国金融监管局主席 Charles Randell 所说："避免监管、危机、再监管恶性循环的最好方法是对既有监管规则的缺陷保持一个开放的头脑"。[37] 对信托业监管规则的再审视对重塑监管体系至关重要。2018年4月，中国人民银行、银保监会、证监会、国家外汇管理局共同发布的《关于规范金融机构资产管理业务的指导意见》，在一定程度上反思了以往信托业监管存在的问题，重构了监管原则、优化了监管制度、明晰了监管责任。但是，这一指导意见尚未上升为法律，其效果有待观察，制度构成有待完善。信托业监管制度的重构任重而道远，但构建具有"回应性"和"能动性"特征的监管制度体系，对信托业的健康发展来说紧迫且必要。

注释：

1. 本章部分内容发表于《金融监管研究》2020 年第 9 期。

2. 朱小川：《美国资产管理业法律监管制度的重点演变及经验借鉴》，《金融法苑》2018 年第 97 辑。

3. 参见尚福林在 2016 年中国信托业年会上的讲话总结。访问网址：http://www.cbrc.gov.cn/chinese/home/docView/5AE124AE9BB14FFB9BE82C38DF076A4E.html。

4. 江平、周小明：《论中国的信托立法》，《中国法学》1994 年第 6 期。

5. 虽然 2002 年制定了《信托投资公司管理办法》和《信托投资公司资金信托管理暂行办法》，但缺乏其他更为具体的监管文件。

6. 如 2014 年和 2016 年，监管部门先后制定了《关于信托公司风险监管的指导意见》和《关于进一步加强信托公司风险监管工作的意见》。

7. 根据 2014 年《中国银监会办公厅关于信托公司风险监管的指导意见》的规定，从 2014 年起对信托公司业务范围实行严格的准入审批管理，对业务范围项下的具体产品实行报告制度。凡新入市的产品都必须按程序和统一要求在入市前 10 天逐笔向监管机构报告。监管机构不对具体产品做实质性审核，但可根据信托公司监管评级、净资本状况、风险事件、合规情况等采取监管措施。信托公司开展关联交易应按要求逐笔向监管机构事前报告，监管机构无异议后，信托公司方可开展有关业务。异地推介的产品在推介前向属地、推介地银监局报告。属地和推介地银监局要加强销售监管，发现问题的要及时叫停，以防风险扩大。尽管该指导意见提出不做"实质性审核"，但在收到报告后"根据信托公司监管评级、净资本状况、风险事件、合规情况等采取监管措施"在一定程度上可以视为采取了"实质审核"的立场。

8. 例如，2017 年底监管部门叫停了中泰信托的集合类信托业务。

9. 唐涯、朱菲菲、徐建国：《资管市场的监管套利》，《中国金融》2017 年第 13 期。

10. 强力：《大资管时代与信托业立法》，《海峡法学》2017 年第 1 期。

11. 朱炎生：《欧盟〈另类投资基金管理人指令〉简介》，《证券市场导报》2013 年第 1 期。

12. 彭冰：《重新定性老鼠仓——运动式证券监管反思》，《清华法学》2018 年第 6 期。

13. 刘迎霜：《金融信托：金融行业抑或制度工具——析"通道型"信托产品之"刚性兑付"》，《社会科学研究》2014 年第 4 期。

14. 孙笑侠、郭春镇：《法律父爱主义在中国的适用》，《中国社会科学》2006 年第 1 期。

15. 魏婷婷：《金融信托刚性兑付风险的法律控制》，《法学杂志》2018 年第 2 期。

16. 刘鹤：《金融监管拒绝父爱主义》，《领导决策信息》2017 年第 5 期。

17. 张淳：《信托财产独立性法理》，《社会科学》2011 年第 3 期。

18. Morley. J. The Separation of Funds and Managers: A Theory of Investment Fund Structure and Regulation. Yale LJ, 2013.

19. 赵磊：《信托受托人的角色定位及其制度实现》，《中国法学》2013 年第 4 期。

20. 刘燕：《大资管上位法之究问》，《清华金融评论》2017 年第 4 期，

21. 巴曙松、王琳：《资管行业的功能监管框架：国际经验与中国实践》，《清华金融评论》2018 年第 4 期。

22. 陈甦：《商法机制中政府与市场的功能定位》，《中国法学》2014 年第 5 期。

23. 苗永旺、王亮亮：《金融系统性风险与宏观审慎监管研究》，《国际金融研究》2010 年第 8 期。

24. 张晓朴：《系统性金融风险研究：演进、成因与监管》，《国际金融研究》2010 年第 7 期。

25. 邓智毅：《强化信托监管遏制监管套利》，《中国银行业》2017 年第 9 期。

26. 王国刚：《功能监管：中国金融监管框架改革的重心》，《上海证券报》2016 年 5 月 26 日第 012 版。

27. 顾昕：《俘获、激励和公共利益：政府管制的新政治经济学》，《中国行政管理》2016 年第 4 期。

28. 邓智毅：《出台〈信托公司条例〉势在必行》，《金融时报》2017 年 4 月 17 日第 008 版。

29. 李智仁：《日本信托业法之修法趋势及启发》，《玄奘法律学报》2006 年第 5 期。

30. 李勇：《论我国制定〈信托业法〉的必要性》，《中南大学学报》2006 年第 5 期；席月明：《我国〈信托业法〉的制定》，《广东社会科学》2012 年第 5 期。

31. 彭飞：《最严信托条例的惊喜和缺陷》，《法人》2015 年第 5 期。

32. 缪因知：《资产管理内部法律关系之定性：回归与前瞻》，《法学家》2018 年第 3 期。

33. 蔡炳坤：《对我国信托信息披露法制完善的思考》，《兰州学刊》2015 年第 11 期。

34. 季奎明：《论金融理财产品法律规范的统一适用》，《环球法律评论》2016 年第 6 期。

35. 叶林、吴烨：《金融市场的穿透式监管论纲》，《法学》2017 年第 12 期；曹锦秋、任怡多：《资管计划穿透式监管法律问题研究》，《辽宁大学学报》（哲学社会科学版）2018 年第 5 期。

36. 王涌：《让资产管理行业回归大信托的格局》，《清华金融评论》2018 年第 1 期。

37. 英国金融监管局网站，网址：https://www.fca.org.uk/news/speeches/rolling-rock-cycle-deregulation-crisis-and-regulation。

第五篇　特约篇

CHAPTER 05 FEATURES

　　我们邀请监管部门、行业专家和智库机构的专家学者从个人角度出发阐释财富管理业过往的十年发展和未来展望，当然也不乏有个人对宏观经济、细分领域或从业经历的反思等，如私人银行业务如何服务美好生活、信托行业发展的制度基础及家族信托业务的发展展望等。

► 私人银行回归初心服务家庭美好愿景 [1]

刘　敏　中国银行个人数字金融部总经理

私人银行是富有生命力的行业。这种生命力，源于专业的匠人精神，更源于对时代要求的呼应。在中国经济腾飞历程中，中国私人银行与高净值人群相伴成长。当下，随着中国私人财富管理市场展现出新的特征，中国的私人银行业务应当被赋予更深的社会意义。围绕客户对其家业的美好愿景，私人银行业务发展将迎来新的机遇。

一　客群特征发生变化　私人银行社会意义凸显

财富增速趋于平稳，投资理念回归理性

中国经济从高速增长向高质量增长转型，中国财富管理市场亦从过去十年爆发式增长转向平稳。经济转型和市场波动，使得高净值人群的投资观念更加成熟理性。对保障财富安全、获取长期收益的需求，超过对财富快速增长的诉求，成为私人银行客户的首要目标。客户对风险和收益匹配具备更加清晰的认识，投资风格从追逐单一高收益产品，转变为追求更加平衡的资产配置。

客户结构更加多元化，客群覆盖面更广

中国高净值人群规模的快速增长与经济发展是同步的。中国人均 GDP 接近 9000 美元，居民收入结构逐步从"金字塔型"向"纺锤型"转变，以专业人士为主的高收入群体快速成长，成为私人银行客户的新兴主体。根据波士顿咨询《中国私人银行 2019》报告，经营企业仍以 66% 的最高比例构成高净值人群最主要的财富来源。在私人银行客户中，专业人士、企业高管比例正在提高。根据胡润百富《2017年中国高净值人群医养白皮书》，在 40~49 岁高净值人群中，企业高管比例首次与第一代企业家接近，占比均为 40%。在 40 岁以下高净值人群中，企业高管占比 52%，已经超过企业主 29% 的比例。不同

客户的财富积累方式将对未来私人银行客群需求产生重大影响。

全社会来看，中国高净值人群可投资资产规模达到 39 万亿元，在居民可投资资产总额中占比已经高达 26%，这意味着，随着越来越多"新富"的加入，私人银行服务覆盖面接近全社会个人财富的1/3，在稳定社会发展方面发挥更为重要的作用。

生活目标更加全面，关注养老、教育及传承

私人银行客户的生活目标并不仅仅局限于资产配置和投资理财，而是逐步回归自身生命周期管理，思考的是家庭更长远的发展规划。

以 40~49 岁主力高净值人群为例，不仅自身面临较大的事业发展压力，而且每个家庭平均赡养 3 位年龄在 70 岁以上的老人。60% 的主力高净值家庭抚养多名子女，子女尚在接受高中及以下教育的家庭占比达到 70%。健康管理、父母养老、子女教育成为高净值人群三大生活关注点，而这往往是当前私人银行覆盖不足的内容。

根据《中国私人银行 2019》，超过 48% 的私人银行客户已经或者准备在三年内进行家族传承安排，部分年轻一代私人银行客户对企业传承持更加开放的态度，倾向于选择职业经理人而非培养子女来继承家业。越来越多的企业家参与到慈善公益事业当中，关注家族价值观建设。财富传承和公益事业的背后，反映的是对家族世代兴旺的美好愿景。

总体而言，私人银行这颗"财富管理皇冠上的明珠"如今已不再那么神秘，服务对象实现了从最私密的家族向更广阔的客户群体的覆盖，客户对服务的需求也出现一定共性，使私人银行具备了更大的社会意义。客户的需求从单纯的高收益投资回归全面、稳健的财务规划，从追求高端生活方式回归真实的生命周期需求，私人银行要助力客户实现家庭美好愿景，发挥对民众福祉和实体经济的服务作用。

二　市场环境变化　私人银行回归以客户为中心的定位

净值化时代的来临，加速推进私人银行回归以客户为中心，这为私人银行更好地服务家庭愿景创造了条件。私人银行与资产管理业务有了更加清晰的定位区别。具体来讲，资产管理专注于产品管理，追求投资的良好业绩表现，需要寻找风险收益的最佳平衡点，资产管理的价值创造更多以产品销售方式体现。私人银行则立足客户，关注客户全生命周期的财富规划，通过为客户创造价值而体现业务价值。这意味着私人银行正在经历从"卖方"向"买方"的角色转变，私人银行的价值并不在于产品销售而在于顾问式的客户服务。

资产管理是管理数字的高超技术，私人银行则是服务于人的温暖艺术。在这里，财富的定义不再限于金融资产，还包括房产、收藏品等，在考虑家族传承时，财富的定义甚至包含家族价值观和精神财富。私人银行服务的内容不只是获取投资收益，而是有个性而又全面的家族财富规划。对客户来说，选择的理由是信任，对机构来讲，信任的根基源于专业。私人银行必须回归以客户为中心的初心，增强专业竞争力，帮助客户实现家庭长远价值目标。

三　围绕家庭美好生活愿景　私人银行承担重要使命

服务家庭养老需求

中国已经步入老龄化社会，预计到 2033 年老年人口将突破 4 亿，养老已经成为新时代中国经济发展面临的重要挑战，养老支出成为国家财政支出以及家庭支出的重要组成部分。与普通客户相比，高净值客户具备较强烈的"自主养老"意识，近四成的高净值客户平均每年花费 20 万元投保商业养老保险。即便如此，高净值客户在养老问题上同样面临困境。

首先，高净值客户父母因年龄超过投保年限而缺乏完善的养老安排，养老经费中 15% 依赖社保，其余部分由私人银行客户和其父母共同承担。

其次，高净值客户家庭财富中，房产等固定资产占比偏高。部分高净值客户通过房产投资致富，造成了解决养老问题的流动性约束。

最后，高净值客户父母一代中，近七成倾向"居家养老"，医疗和看护水平成为私人银行客户的一大担忧。

私人银行帮助高净值家庭做好养老规划，有助于提升全社会的自主养老意识、减轻政府负担、解决社会问题。私人银行在做高净值家庭养老规划时，不仅要考虑客户本身，也要考虑现金流和固定资产的合理配置。

服务家庭发展愿景

私人银行客户的家庭发展目标不仅包含金融投资目标，更包含财富安全、子女教育、代际传承等，这些方面共同构成了私人银　行客户对家族长远发展的愿望。私人银行应当灵活运用家族信托 等财富规划工具，服务于家庭全方位发展的目标。

保障家庭财富安全。继《信托法》明确规定信托财产独立性之后，2019 年 11 月 14 日，最高人民法院再次对信托财产"三重独立性"进行确认。家族信托资产独立于受托人财产、委托人财产、受益人财产的特征，使其能够实现资产有效隔离。例如在企业发展早期，往往存在企业资产和企业主个人资产混同的情况，在不损害债权人利益前提下，通过设立家族信托，可以实现企业资产和家庭资产隔离，保护合法财产。又如，信托财产独立于委托人财产，不属于清算财产，不计入遗产范围，通过信托方式进行财富传承，能够更好地实现财富的平稳交接。

实现长期教育规划。 根据胡润百富《2019年解码中国"新生力"白皮书》，私人银行客户对子女高品质教育、留学教育需求旺盛，尤其是新生代私人银行客户，对子女教育高度关注的比例达到84%。私人银行可通过教育年金与家族信托结合的方式，提供家族教育金规划。不仅如此，基于家族信托的灵活特性，还可以在信托资金领取条款中加入激励与惩处要求，鼓励子孙后代努力求学。例如，在信托资金分配中对学业优秀的受益人进行额外嘉奖等。通过这样的方式，树立积极向上的家族价值观。

保障后代生活水平。 事实上，对大多数高净值家庭来说，设立家族信托的主要目的，并不是化解复杂的婚姻矛盾等，而更是为了保障未来生活、防范潜在风险。婚姻幸福、事业有成的年轻夫妻客户中，越来越多的愿意尝试以子女为受益人设立家族信托，通过这样的方式为下一代建立保护网，避免受到事业变动或者其他风险因素的影响。通过建立起更加一致的家庭目标，促进家庭和谐发展。

成就家族代际传承。 高净值家庭在财富传承中考虑的问题更加复杂，包括多个继承人之间的合理财产分配，固定资产与金融资产的分配，以及家族财富如何向子孙后代平稳传承。私人银行针对客户个性化需求，帮助设定家族信托受益人、分配时间及分配条件，实现定向传承。企业家不仅关注财富传承，还关注家族企业交接班。私人银行要充分运用家族信托法律架构，考虑企业股权传承、不动产管理等问题，引入法律税务等合作资源，为私人银行客户提供一站式的综合解决方案。

进一步来说，私人银行可以与超高净值客户共同探索制定家族宪章，为家族治理、精神传承、财富享有、企业发展、公益事业等设置规则，强化家族成员使命感和责任感，实现家族永续和基业长青。"道德传家，十代以上"。私人银行在帮助高净值家庭资产传承的同时，也在传承着中国社会的精神财富，为中国社会长治久安贡献力量。

服务私人银行家庭向善初心

根据普华永道《2018年全球家族企业调研——中国报告》，中国家族企业中，77%已经在从事慈善活动，其中50%已经将慈善公益纳入家族企业发展战略。家庭慈善公益理念更加成熟，逐渐从传统捐赠演变成为更具战略性的家族慈善事业。私人银行应该发挥金融服务功能，搭建慈善公益事业平台，帮助高净值人士实现家族价值观，以胸怀铸就事业的长远。

搭建服务平台，帮助客户开展直接捐赠。 遴选优质捐赠项目，保障资金流向清晰可循，慈善机构真实可信。

设计专属慈善理财产品，投资收益用于明确的慈善项目。 将理财产品一定比例或全部收益用于明确的慈善项目，既降低了慈善投资起点金额，满足大部分客户的慈善需求，又解决了单笔慈善资金量相对有限的问题。

设立慈善信托，财产使用更加灵活，更好地体现和实现委托人意愿。 私人银行作为财务顾问，帮助开展信托资金的投资运作，明确慈善目的、受益人筛选方式、财产管理运用方式等。针对资金量更大的家族，设立家族慈善基金会，私人银行为基金会提供投资顾问，并通过降低费率、减免费用等方式，助力社会公益事业发展。

通过商业手段解决社会问题，提升自我价值。 越来越多的企业家不再满足于单纯的慈善公益，而是希望通过实实在在地解决社会问题来提升自我价值。私人银行应综合考虑财务效应和社会影响力，以影响力投资的方式平衡家族资产配置，帮助解决中国养老、教育、医疗、环境等问题。以推动社会发展为己任，实现健康财务回报和社会价值的良性互动。

2020年是中国银行私人银行组织开展"中银私享爱心荟——春蕾计划"的第七年，500余名私人银行客户加入了这一计划，帮助了1025名家境贫困的女生完成高中学业。2020年也是中国银行私人银行服务家族慈善信托和家族慈善基金会的第五年，通过妥善管理慈善资金，中国银行私人银行与客户之间实现了更加持久深入的价值共鸣。

四　私人银行需进一步加强四个方面能力建设

全面的财富规划能力

顾问式服务的根本出发点在于客户的真实需求，价值来源于为客户解决问题的能力。因此，资产配置要服务于客户真实的生命周期要求，针对不同的需求构建短期流动性、中期投资性、长期保障性组合，满足客户金融投资、养老、教育、慈善等综合需求。

综合化的平台服务能力

随着私人银行客户群体的发展壮大，私人银行服务将向资本市场、融资并购、债券发行、风险投资等方面扩展。私人银行不再是封闭的投资运作，而是融智赋能的资源整合者，通过开放式的信息交互，构建合作、共赢、共享的金融生态圈。同时，随着中国正在以更加开放的姿态融入全球经济，私人银行要加快全球布局，提供全球资产配置方案，为中国企业家提供境外投行、上市融资、持股激励等多元化服务。

数字化的洞察能力

私人银行要敏捷感知客户需求，以数据为关键生产要素，整合全渠道信息要素，加强客户智慧画像，更好地把握客户风险偏好，协助私人银行家开展客户关系管理，提供更加合适的资产配置建议，在资产端，以区块链技术为载体，打造开放式产品平台，敏捷掌握产品底层变化情况，实现分秒级的精准定价。在配置端，持续完善资产配置体系，通过人工智能与专家投顾的深度结合，提升资产配置的精准程度。在服务端，感知客户情绪，提高服务贴心度，打造线上线下一体的服务体系。

专业的队伍服务能力

专业队伍是私人银行竞争之本。私人银行要打造一支具备较强金融资产管理能力和广泛综合服务能力的队伍。建设长效的宽幅薪酬体系，以建立深入的客户关系和资产规模的持续提升为私人银行客户经理考核导向，从而改变更多追求短期销售业绩的现状，实现私人银行与客户家族长期共赢。

注释：

1. 本章曾发表于《银行家》2019 年第 12 期。

► ## 好的时代，更须未雨绸缪：家族信托或迎来更大发展空间

陈春晖　交通银行私人银行中心副总裁

一　财富管理行业的时代变迁

"这是最好的时代，这是最坏的时代"，狄更斯《双城记》中的名言对于中国的财富管理市场同样适用。这是好的时代：改革开放四十多年来，中国创造经济奇迹的同时也造就了一大批高净值人群。到 2019 年底，中国高净值人群约 220 万人[1]，可投资资产总规模约 68 万亿元[2]。庞大的高净值人群是包括银行、券商、信托、保险在内的财富管理机构过去十年迅速发展的基础。

这也是充满挑战和变数的时代：国际形势风云变幻，国内发展面临"三期叠加"。在此背景下，财富增长最快的红利期已经过去，地缘政治风险、市场风险和企业经营风险对财富安全的威胁不断加大。同时，众多第一代的高净值人群步入了人生后半段，如何实现财富传承已经成为当下高净值人群的首要考量。对于财富管理机构而言，精准服务客户的核心是帮助高净值客户实现家业长青，而家族信托无疑是最好的手段。

二　家族信托的功能

在帮助高净值客户保障家族财富、实现财富传承的工具中，家族信托凭借其避债节税、持续管理、防止挥霍等优势以及强大的法律效力，成为国内外富裕人群最常用的财富传承工具。从国际经验来看，家族信托具备财产隔离保护[3]、财产管理和财富传承功能，甚至可以通过机制设计，为家族治理、家族企业治理提供帮助，还可以协调家族企业内部与外部利益相关者的关系等。

三 家族信托业务的不足

由于市场环境、监管政策、法律体系的差异，中国目前的家族信托在实际操作中存在认识与实践之间、家族信托功能与价值之间的错位。

家族信托还不是一种产品或者标准

从 2013 年平安信托推出市场上第一个家族信托产品，到 2018 年"37 号文"发布，多数家族信托业务实际上是"类专户"的投资业务：门槛低，自益属性，有局限性地投资于某些资产（比如融资类信托产品等），并且多以标准化模式推广为主。2018 年出台的"37 号文"明确了家族信托的定义，强调了家族信托是定制化的事务管理和金融服务（具有专户理财性质、单纯追求信托财产保值增值的信托业务不属于家族信托范畴），规定了 1000 万元的家族信托设立门槛，限制了自益性。自此，国内家族信托业务才有了明确的发展方向。

配套法律制度尚需完善

我国已经形成比较完备的民事法律体系，《民法通则》《民法总则》《合同法》《信托法》以及将于 2021 年 1 月 1 日起正式实施的《中华人民共和国民法典》等均已出台，为家族信托等民事信托的设立、运行及纠纷解决等提供了法律基础。

但是现有的家族信托相关配套制度并不完备。《信托法》规定，设立信托时，信托财产应依法依规办理登记手续，即"信托登记生效原则"。但目前信托财产登记制度存在缺陷，包括没有明确信托登记的程度、没有指明办理信托登记手续的机构等。《信托法》也没有明确规定信托的税收制度，比如在信托设立到终止的过程中，如何征收非货币资产转移时产生的所得税、营业税、增值税等税种[4]。此外，《物权法》规定不动产物权转让登记后才具备法律效力，财产公示原则与传统的"隐富心理"相矛盾，也在一定程度上影响了委托人设立家族信托的积极性。

尽管这些制度缺陷不影响设立家族信托的法律基础，但会增加委托人设立家族信托的顾虑。

客户认知需要引导

高净值人群虽然通过财富管理机构的投资者教育，对家族信托的接受度在提升，但总体认知程度较低。其认知特征，一是重家族信托的投资功能，轻目标功能。目前不少高净值客户将收益性作为选择家族信托机构的重要标准，忽视了对家族财富管理长远目标的规划。二是重家族信托的消极保护功能，轻分配和传承功能。部分高净值客户认为家族信托是规避潜在的债务纠纷或进行税务筹划的工具，却不够关注家族信托的财富分配和传承等功能。只有扭转客户固有思维、引导客户形成正确的家族信托功能认知，才能真正实现机构和客户的利益。

财富管理机构的综合能力需要提升

目前，家族信托业务落地的过程中，财富管理机构顶层设计能力还存在不足。家族信托作为处理超高净值客户名下相关资产的综合制度安排，需要法律、税务、保险、投资、公司架构、慈善、资产管理等多领域的知识，单凭一家机构难以独立满足超高净值客户个性化的家族信托需求。因此，财富管理机构应具备强大的顶层设计能力和平台整合能力，才能为超高净值客户量身定制真正意义上的家族信托服务。

四　家族信托业务的发展趋势

家族信托财产类型不断丰富

在信托登记制度还不完备的条件下，家族信托的受托财产以现金类财产为主。另外，虽然股权、不动产等非现金资产目前的交易费用较高，但还是可以通过交易过户的方式成为家族信托的受托财产。随着信托登记制度和税收制度的不断完善，股权信托、不动产信托将会有效解决高净值客户的主要资产处置问题。在解决估值和保管问题的前提下，高净值客户收藏的艺术品也可以通过合理的信托结构设计成为受托财产。此外，保险金信托由于其较低的门槛、简便的流程、对客户的高覆盖性，可以成为高净值客户普遍选择的家族信托形式。因此，伴随着配套法律制度的逐步健全和业务实践的创新，家族信托的受托财产类型会不断丰富和完善。

家族信托服务机构的优胜劣汰

家族信托架构的搭建和落地不仅需要服务机构拥有强大的顶层设计能力和平台整合能力，还需要有协助客户做好长期财富风险管理、提供助力家业长青等的个性化服务的战略定位。这些机构的工作人员必须具备很强的专业能力以及丰富的工作经验和阅历。

未来的市场肯定是分化的，唯有秉持稳健经营理念、具备良好口碑和真正以匠人精神、致力于为客户构建个性化家族信托的专业机构，才能赢得高净值客户的信任和选择。

从家族信托服务升级为家族办公室服务

"遗产为下，遗业为中，遗人为上；然无财则无业，无业则无人"。真正的家族传承应该包括产、业和人三个方面。"产"主要指多年创造和积累的金融财产和物质财富，"业"主要指高净值人群为之奋斗的事业或家业，"人"指的是家族成员尤其是家族和企业继承人。相较于家族信托，拥有顶级资源的家族办公室可以更好地为超高净值家庭提供传承的外延服务，包括家族企业的投行服务和企业治理服务、家族治理和事务管理服务、家族精神和价值观的规划服务、家族慈善规划服务等。家族办公室是未来财富管理机构服务超高净值客户的"高地"，也是超高净值客户实现资产规划和传承的重要方式。

注释：

1. 《2019 年中国私人财富报告》显示，2018 年，可投资资产在 1000 万人民币以上的中国高净值人群达到 197 万人，人均可投资资产约 3080 万元。报告预计到 2019 年底，中国高净值人群将达到约 220 万人。

2. 可投资资产包括个人金融资产和投资性房产。

3. 家族信托成立后，信托资产从委托人转移到信托公司，成为信托财产，以家族信托的名义存在，信托财产独立于委托人的其他财产，除非委托人在设立信托前已经恶意负债，否则债权人无权处分信托财产。

4. 我国现行税收制度未针对信托财产所有权与收益权分离的特点设计专门的税收制度，从而在涉及信托活动的营业额、个人所得税、房产转让的房产税、股权转让的印花税、增值税等方面可能会产生重复征税现象。

► 我国信托业转型发展的制度基础

李宪明 中国信托业协会专家理事、锦天城律师事务所高级合伙人

信托制度的发展彰显了其适应环境变化的创新能力。信托制度从一种财产转移制度演变为具有强大的财产管理功能的制度，从一项区域性法律制度发展成为一项世界性制度，跨越了不同法律体系、文化传统、政治体制。以信托制度为基础，信托行业形成了特有的功能定位，在社会经济生活中发挥着重要作用。

一 信托基本制度保障信托机构回归本源

2001年《信托法》的颁布实施奠定了我国信托机构回归本源的制度基础。信托公司建立了独立的信托业务管理部门，为信托财产单独建账，开立信托财产账户，保障信托财产的独立性，作为受托人履行审慎义务。信托公司开展的资金信托业务、财产或财产权信托业务都体现了信托制度的本质要求。

2003年《证券投资基金法》颁布，基金管理公司依法开展证券投资基金业务。2004年，《企业年金试行办法》《企业年金基金管理试行办法》相继颁布实施，建立了企业年金基金管理制度，完善了我国社会保障体系。为解决金融机构信贷资产流动性问题、丰富证券品种，2005年，《信贷资产证券化试点管理办法》颁布实施，使得运用信托制度解决社会经济问题有了制度依据。

二 营业信托制度规范信托机构经营

《信托法》是民事法律制度，除了《证券投资基金法》及相关配套制度；对各类营业信托活动，需要由国务院制定的行政法规或部门规章作出具体规定。《信托公司管理办法》《信托公司集合资金信托计划管理办法》规定了信托公司的监督管理和经营规则。《关于规范金融机构资产管理业务的指导意见》规定了资产管理市场的统一监管制度，要求按照资管产品类型制定统一的监管标准，对同类资管业务作出一致性规定，实行公平的

市场准入和监管，各类资产管理机构的监管套利、制度套利空间越来越小。在资产管理市场发展的大背景下，信托机构需要全面提升管理水平，提高专业服务能力，树立品牌，控制风险，稳健经营，以应对市场竞争与挑战。

三 信托配套制度推动信托机构转型发展

《信托法》颁布实施后，在近二十年的时间内，信托的配套制度主要由部门规章及监管部门的其他规范性文件构成。但是，由于制度移植的影响，信托制度与现行其他法律制度之间存在很多需要磨合、协调的方面。这既需要政府相关部门对《信托法》中的一些概括性、缺乏可操作性的条款制定实施细则和办法、进行补充细化，也需要以法律或司法解释的形式解决制度之间的矛盾或填补空白。

《民法典》没有对信托制度作出具体的规定，但是它完善、细化了开展信托活动所依赖的民事法律制度，为信托活动提供了良好的制度环境。

第一，对财产权利的平等保护。根据《信托法》，具有完全民事行为能力的自然人、法人或者依法成立的其他组织可以作为委托人设立信托。但《民法通则》规定，民法调整平等主体的公民之间、法人之间、公民和法人之间的财产关系和人身关系，没有考虑外国人、无国籍人等情况。而《民法典》以"自然人"概念取代"公民"，各类民事主体设立信托的活动都能得到有效保护。

关于不同民事主体的财产权利保护，《民法典》确立了国家、集体、私人的物权受法律平等保护原则，进一步明确了一视同仁保护的立法态度，落实了我国《宪法》确立的对社会主义公共财产和公民合法的私有财产平等保护的原则。随着我国经济社会迅速发展，个人财富越来越多，增进人们的获得感和保护财产安全，是国家长治久安的根本保障。《民法典》回答了时代关切，"有恒产者有恒心"，私人财富管理与传承将迎来一个新时代。

第二，财产权利的稳定性与连续性保障。对私有财产的法律保护是家族财富保护与传承的法律前提。《民法典》通过对财产所有权、用益物权和担保物权等权利的系统性规定，构建了私有财产保护制度。例如，住宅建设用地使用权期限届满的自动续期制度，使得房产的代际传承有了法律保障，消除了人们的后顾之忧。居住权制度使人们能够按照合同约定或者遗嘱占有、使用他人的住宅，以满足其稳定的生活居住需要，可以用于养老安排和残障人士权益保障。

第三，交易安全与财产流转保障。《民法典》按照归属清晰、权责明确、保护严格、流转顺畅的现代产权制度的要求，进一步完善了交易安全与财产流转制度。《民法典》专章规定了合同保全制度，新增保理合同作为典型合同，首次将数据、网络虚拟财产纳入保护范围，限缩了抵押财产转让的条件，明确了抵押权随主债权转让无须登记。这些制度将推动信托机构探索新型信托业务模式、创新信托产品设计与服务方式，引导信托业的转型发展。

▶ 信托业转型的关键：从"游猎"到"农耕"

郑　智　上海智信资产管理研究有限公司总经理

十年前，笔者刚从大学毕业，误打误撞进了信托行业，那时候还没有"大资管"这个称谓。

在金融创新突飞猛进的时期，信托公司配合和适应了"影子银行"体系的扩张，挥舞着地产、城投、通道业务"三板斧"，在"年年难过年年过"的呼声中，一路高歌猛进，信托公司管理资产规模从不到3万亿元增长到了10万亿元，最大规模曾超过26万亿元，信托业超过保险业成为第二大金融行业。

那是信托业"鲜衣怒马的少年时代"，充满着"速度与激情"，享受着"跑马圈地"的快感。然而在今天，信托业的这种发展速度已经成为回忆，信托公司的管理思想也面临着系统性的变革。

一　能力建设重于业务选择

"难"，这个词，信托业从业人员喊了十年。但"年年难过年年过，每年过得都还不错"。从业者一般的状态是，每年春节回来的第一个月是迷茫，但是到三四月突然就找到方向，到了七八月基本完成全年指标，十一过后就开始思考明年的展业方向。年复一年，周而复始。

为什么在信托业中会存在这种心态和现象？因为信托业务的"三板斧"：地产、城投、通道业务的发展，存在此起彼伏的轮动。

地产业务和平台业务不会被同时打压。打压地产业务的时候，一定会有托基建的政策。比如2019年下半年到2020年中就属于这样的阶段。打压平台业务、控制地方债的时候，地产业务往往可以做。地产、平台业务都不好做的时候，资金面很紧，信托的通道业务就显得有价值了。

目前是什么情况呢？

监管层要求逐月压缩地产信托额度。已严禁各种前融模式，只允许做真股权和符合"432"规定的开发贷业务。短期内监管政策不可能改变，由于大的格局已经发生变化，中央明确了"房住不炒"的总基调，不再将房地产作为短期经济刺激的手段，房地产调控方向变为稳地价、稳房价。

信托公司的城投债业务，项目选取标准一降再降，"暴雷"风险必然同步升高。信托公司的城投业务目前主要向东部省份（主要是江苏）和成渝地区收缩。

监管层也要求逐月压缩通道业务。

"狼来了"喊了十年，信托行业的转型也喊了十年，但很多公司进展缓慢，业务模式仍是"一年地产、一年城投"。笔者认为，信托业最重要的转型是心态的转型，要摒弃机会主义，从"游猎文化"进入"农耕文化"。

以标品信托业务为例，过去由于没有人才、没有系统、没有优势，绝大多数信托公司都不会考虑开展这类业务，根本原因还是传统业务更好开展。但目前形势已经发生了根本转变，《信托公司资金信托管理暂行办法（征求意见稿）》明确将非标业务额度限制在 50% 以下，并将标品业务定位为分母型业务，即不做标品业务，非标业务就没有额度。面对如此颠覆性的新规定，如何创造条件、提升能力，是值得所有信托公司深度思考的问题。笔者在为信托公司做战略时，往往首先就强调，能力建设重于业务选择。

信托公司过去是游猎文化，今后需要的则是农耕文化，种地与打猎不同，需要规划种什么，需要精耕细作。即便如此，刚刚种上的作物，很可能被水冲了、霜冻死了，面临着种种风险。

信托公司往何处转型，笔者觉得方向非常清晰。投资银行、资产管理、财富管理、信托服务，都是信托公司触及得到的业务。地产、基建、股票、债券、消费金融、资产证券化，都是信托公司涉足过的。问题是一家信托公司是否有能力开展这些业务。监管层严禁地产前融业务，但信托公司可以创新设立真股权地产基金，而同时要思考的是，信托公司是否具备开展地产基金业务所需要的募、投、管、退的能力？财富管理同样是一片蓝海，问题在于信托公司是否具备真正的买方投顾和资产配置能力。

二 管理思想亟待变革

过去十年中，信托业的管理思想总结起来就是"无边界、举手制、提成制"。

无边界，就是信托公司业务部门展业方向无边界，只要能完成业务收入指标。这样极大地减少了管理成本并鼓励了竞争，是业务活力的体现。

举手制，就是鼓励成立部门。即便只是高级信托经理，在经过公司评估之后，只要有能力，就可以成立一个组，达到一定业绩后，再升级为一个部门。这样可以让年轻人看清自己的未来，也让一大批年轻人脱颖而出。一个部门经常分裂成两个部门、三个部门，直到多个部门。每多一个部门，公司就多一个业绩发动机。

提成制，很多人觉得简单粗暴，觉得像"包工头文化"，但是"提成制"换一种表达方式就是"合伙人文化"。高盛、碧桂园靠的都是这套思路。提成制，就是让一个部门的薪酬、绩效、费用配比，和创造的业绩紧密挂钩。

无边界、举手制、提成制这套打法，是信托业过去十年高速发展的重要法宝。但是信托业也不能忽视，在新的形势下，这些思想都需要变革和提升。

无边界的负面后果是业务部门趋利避害，缺乏长远眼光。即使部门负责人有先见之明，往往也难以落实到行动上，因为新业务所需要的投入和试错成本不是一个部门能承担的。结果就是在无边界的公司，新业务往往难以成长起来。

举手制的负面后果是部门多而不强，很多业务部门其实都是"飞在天上"做业务。后续行业必定要经历一次大的整合、裁撤，包括办公场地、差旅费，都需要节省。部分部门还有就地转型为财富中心的潜力。

提成制的负面后果是忽视风险成本。信托公司花了很大精力去核算成本，然而往往意义不大，因为最大的成本是风险成本。信托公司表面上不需要计提拨备，但在刚性兑付未破的情况下，随时可能要用资本金进行垫资。因此后续各家信托公司在制定绩效制度时，必须要将风险成本考虑进来。

另外，虽然信托公司领导层常常鼓励员工积极创新，但在执行过程中，往往由于绩效和收入任务考核机制而难以落地。

信托公司的绩效机制需要大的变革，目标是支持业务转型。绩效机制改革既要考虑风险成本，又要分类计价，对不同的业务适用不同的绩效比例，并将绩效政策作为引导转型的管理工具。

行业的成功案例有五矿信托。五矿信托拥有央企的品牌和实力，又建立了市场化的运作机制，业务精耕细作，是信托业从"游猎"到"农耕"的典型代表，特别是家族信托业务开展得有声有色。

在笔者看来，家族信托是真正的信托，是信托业务的本源，是信托公司为数不多的专属业务，甚至可以说是立业之本。家族信托也是一种美好的信托，是传承财富意志的信托，它的目的不仅仅是家庭资产避税保值和传承，更应该是传承理念和回馈社会的信托。

▶ 不要浪费任何一场危机

王　卓　五矿国际信托有限公司总经理

2020 年是极不平凡的一年，信托行业面对着经济环境复杂、监管趋严、疫情影响等多重危机的叠加。然而"危"与"机"向来是辩证统一的整体，丘吉尔曾说"不要浪费一场危机"。每当大事发生，随众起哄的多，潜心思考的少；每次遇到危机，盯着风险的多，看到机会的少。一场危机会让我们真实感受到一个时代的结束和另一个时代的开启。

要认清形势，山雨已来。身处"百年未有之大变局"，信托行业面临的形势空前严峻。国际上，受疫情影响，世界经济已进入下行通道，全球新冠肺炎确诊人数持续增长，失业人口剧增，全球股市下行，原油市场遭受重创，经济的衰退正逐步发酵。同时国内经济面临很大的挑战。信托行业改革发展、转型升级的总基调不变，严监管成为常态，行业规范性约束在持续增强，《信托公司资金信托管理暂行办法（征求意见稿）》的出台或将重塑行业格局。

要把握趋势，变中求新，危中寻机。"危"对所有人都是公平的，但机遇只留给努力且有准备的人。在危机面前，只有敢于果断跳出舒适圈、危中求变、变中求新的人，才能在思路上先人一步、在行动上快人一拍、在成效上胜人一筹。比如，五矿信托在进行了大量的深入研究后，抓住"危机"中孕育的"新机"，已全面启动二次转型，及时调整业务规划，做好全面统筹，有规划、有重点地调整业务结构，换道加速。严格贯彻监管要求、谨遵监管导向，发展标品信托业务。五矿信托以服务实体经济为出发点，充分用好融资类业务规模，大力发展家族信托等符合服务信托内涵要求的受托服务业务。与此同时，五矿信托创新风控管理，建立和完善覆盖各项风险的网状"大风控"体系，深入推进"经纬工程"，持续加强金融科技系统建设，充分发挥"大运营"平台、人才管理平台和"T+工程"的作用，为二次转型提供综合支撑，为业务升级保驾护航。

2020 年是五矿信托成立十周年。十年来，五矿信托秉承"崛起三江之源、志达四海之巅"的愿景，以恒心谋发展、以匠心谋事业，从无到有、由弱变强，经营规模与盈利能力持续提升，品牌价值与社会影响力与日俱增。截至 2019 年底，五矿信托管理资产规模达 2.8 万亿元，累计向投资者分配收益 1574.73 亿元，向股东分红 33.33 亿元，累计缴纳税款 52.16 亿元，在青海省金融法人企业中位列第一，青海省全行业排名第二位。2019年，公司业绩再上新台阶，实现营业收入41.57亿元，行业排名第五位；信托业务收入35.27亿元，行业排名第六位；净利润21.05亿元，行业排名第七位，综合实力排名行业第八位。在快速发展的同时，五矿信托始终坚守风险底线，不断提高风险管控水平，创建了自上而下垂直型四级风险管理体系，明确了"四个常怀、四个确保"的风险观，确保公司行稳致远。五矿信托始终坚守初心、努力践行央企社会责任，充分发挥自身优势，助力精准扶贫、生态环保、教育人文、中医药文化等社会公益事业，累计成立26单慈善信托，总规模超过2600万元。十年芳华路，千里锦绣篇，五矿信托厚积薄发，逐步获得社会的认可与赞誉，品牌价值持续提升，共获得金牛集合信托公司奖、区域影响力信托公司奖等行业级及以上荣誉50余项。

创新蓄势，以梦为马，重新出发，五矿信托已做好再出发的充足准备。为回归"受人之托、忠人之事"的本源业务，五矿信托高度重视发展家族信托。2018年，五矿信托正式组建家族办公室，会聚来自银行、投行、法律、税务、资产管理等多个专业领域的专家顾问，为高净值、超高净值客户提供财富管理、家族传承、家族投行、家族慈善、家族艺术、家族康养及法律和税务筹划等全方位的综合金融服务。通过科学运用信托等金融工具及法律架构，满足家族客户不同阶段的特定需求，为客户提供家族企业经营、社会资源共享等多方面的附加服务，协助客户实现从个人到家族的长期发展与治理目标。自设立起，五矿信托家族办公室就坚持高起点、高质量、高标准的原则，致力于站在行业的制高点，统筹多方力量，满足客户个性化需求，汇聚多样化渠道，引领行业创新。到2020年，公司家族信托及家族办公室相关业务初具规模，已形成多支产品线，并连续两年发布《家族财富管理调研报告》，提升了公司的知名度、美誉度。新的发展形势下，财富管理行业正在迎来广阔的前景，作为财富管理行业"皇冠上的明珠"，五矿信托家族办公室的市场定位、业务内容、文化理念及专业资产配置和财富管理能力受到各界认同。

危机的本质是机遇。十年来，五矿信托经历过无数的挑战，越挫越勇、越磨越强。未来百年，五矿信托将继续抓铁有痕、踏石留印，向着"国际一流综合金融服务商"目标砥砺前行，打造金融业的"百年老店"。

结　语
将至已至　未来已来

　　党的十八大以来，中国前所未有地走近世界舞台中央。财富管理始于欧洲，发展于美国，目前的发展机遇主要在亚太地区，中国无疑是这个新中心的中心。改革开放的第一代创业群体、"南方谈话"后的第二代创业群体已进入人生的后半段，他们已成为家族财富管理的主要客户。在中国，始于 2007 年的私人银行业务和始于 2012 年的家族信托业务日趋成熟完善。展望未来十年，财富管理尤其是家族财富管理是朝阳产业，也必将成为与宏观经济紧密相连的重要研究领域。

　　作为《家族财富管理调研报告 2020：家族财富管理十年回顾与展望》的结束语，我们理应对未来十年乃至更远的财富管理发展进行展望。然而，我们正处于"百年未有之大变局"的宏观背景下。展望的理论基础是对未来某一状态的概率刻画。从概率论的角度而言，风险（risk）和不确定性（uncertainty）是两个不同的概念，风险表示知道未来状态发生的可能性但无法确定未来那个状态是否会发生，不确定性表示无法确定未来状态发生的可能性更无法判定未来哪个状态发生，而现在的情况则是不知道未来的状态，不知道未来状态发生的可能性，也无法判定未来哪个状态发生，即"不确定 +"。

　　我们仅对家族财富管理业务未来十年的发展趋势做以下粗略的展望，敬请读者批评指正。第一，

制度法规将更具针对性。自由港、自贸区等宏观层面的制度改革相继推进，金融市场进一步扩大开放，产权制度改革也势必向纵深发展，信托制度日趋完善，信托文化建设也将得到推进，这必将进一步完善家族财富管理的制度保障。第二，客户需求将更加多元化。保全传承需求进入"2.0 时代"，需求方由个人向家庭乃至家族转变，这些都是目前正在形成的趋势。此外，我们还应关注家族财富管理客户对海外资产安全保障、境内外流动性管理和风险控制的需求等。第三，机构业务将更加有特色。在由多元向传统转变的过程中，诸多精于资产管理业务的机构如证券公司等也将转向财富管理行业，也会建立私人银行部门或调整经纪业务委员会为财富管理委员会等。下一个十年，将涌现出一批有资产管理能力的财富管理机构，树立起中国特色的咨询顾问驱动下的经纪商业务模式。第四，基础设施将更加有保障。人力资源、风控体系和 IT 系统等基础设施将更具财富管理业务特色，如对私人银行家的市场化激励约束机制、与家族财富管理相容的风控体系以及专属的科技支持系统、家族财富管理领域新技术的应用等。

期待十年以后，结合制度和宏观经济环境的变化，课题组能再次对家族财富管理行业进行回顾和展望。

图书在版编目（CIP）数据

家族财富管理调研报告. 2020：家族财富管理十年
回顾与展望 / 家族财富管理调研报告课题组著. -- 北京：
社会科学文献出版社, 2020.10
ISBN 978-7-5201-7206-6

Ⅰ. ①家… Ⅱ. ①家… Ⅲ. ①家族—私营企业—企业
管理—财务管理—研究报告—中国 Ⅳ. ① F279.245

中国版本图书馆 CIP 数据核字 (2020) 第 164142 号

家族财富管理调研报告 2020：家族财富管理十年回顾与展望

著　　　者 / 家族财富管理调研报告课题组

出 版 人 / 谢寿光
组稿编辑 / 恽　薇
责任编辑 / 孔庆梅　陈　荣
文稿编辑 / 武广汉

出　　　版 / 社会科学文献出版社·经济与管理分社（010）59367226
　　　　　　　地址：北京市北三环中路甲 29 号院华龙大厦　邮编：100029
　　　　　　　网址：www.ssap.com.cn
发　　　行 / 市场营销中心（010）59367081　59367083
印　　　装 / 三河市东方印刷有限公司

规　　　格 / 开　本：889mm×1194mm　1/16
　　　　　　　印　张：11　字　数：252 千字
版　　　次 / 2020 年 10 月第 1 版　2020 年 10 月第 1 次印刷
书　　　号 / ISBN 978-7-5201-7206-6
定　　　价 / 158.00 元